W0233623

Das große BASTELBUCH für Jungs

INHALT

TIPPS & TRICKS ZUM BASTELN

BEVOR ES LOSGEHT

Decke deine Arbeitsfläche immer gut mit Zeitungen oder einer Wachstuchdecke ab und schütze auch deine Kleidung mit einem Malerkittel oder einem alten Hemd. Leg dir immer schon alle Materialien und Hilfsmittel zurecht, bevor du anfängst zu basteln. Auch alte Lappen oder Küchenpapier solltest du griffbereit haben.

Wichtig: Viele der Bastelideen kannst du allein umsetzen, aber manchmal solltest du dir besser Hilfe von einem Erwachsenen holen, besonders, wenn Messer oder Backofen ins Spiel kommen!

DEINE GRUNDAUSSTATTUNG

Diese Materialien und Hilfsmittel brauchst du für fast alle Bastelarbeiten:

- festes Transparentpapier, Bleistift, Grafitpapier, Klebefilm und Kugelschreiber für Schablonen und zum Übertragen von Vorlagen
- Prickelnadel zum Stechen von Löchern
- Anspitzer und Radiergummi
- Nadel und Nähgarn zum Anbringen von Aufhängungen
- Wattestäbchen für Punkte und Korrekturen
- Borsten- und Haarpinsel zum Malen
- Schaschlikstäbchen helfen beim Bemalen, Kleben und Kringeln von Papier und Draht
- Buntstifte, Filzstifte (wenn du auf Holz oder ähnlichen Materialien malst, sollten die Filzstifte wasserfest sein) und weißer Lackmalstift zum Zeichnen der Gesichter und zum Malen von Mustern
- Lineal, Geometriedreieck zum Messen und Zeichnen
- Bastelschere und Nagelschere (für kleine Formen und Rundungen)
- Alleskleber und Klebestift kleben fast alles, Abstandsklebekissen kleben auf beiden Seiten und sorgen für einen kleinen Abstand zwischen den zusammengeklebten Teilen, evtl. Heißklebepistole

GESTALTEN MIT FARBE

Acryl-, Dispersions- oder Temperafarbe eignen sich für Papier, Karton und Holz. Die Farben bekommst du in verschiedenen Größen, sie lassen sich gut mischen und geben keine schädlichen Dämpfe ab. Du solltest aber trotzdem auf gar keinen Fall daran lecken, da das ungesund ist!

BASTELN MIT RECYCLINGSACHEN

Aus Joghurtbechern, Eierkartons, Käseschachteln, Korken, Flaschendeckeln und anderen Recyclingmaterialien lassen sich coole Dinge basteln. Achte aber darauf, dass sie sauber sind, bevor du sie verwendest. Durchs Spülen wird alles entfernt, was dich krank machen kann, und die Kunstwerke riechen später nicht. An scharfen Kanten kannst du dich verletzen. Bitte deshalb einen Erwachsenen, sie evtl. mit Schleifpapier abzuschmirgeln, bevor du mit diesem Material bastelst.

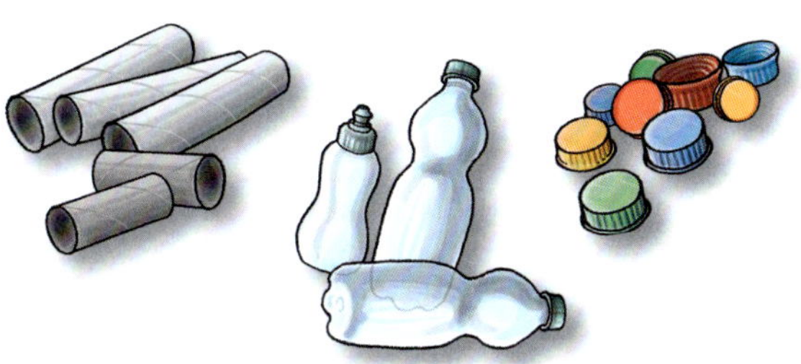

BASTELN MIT NATURSCHÄTZEN

Die Natur ist voller Kostbarkeiten! Leg dir am besten einen kleinen Vorrat an Steinen, Ästen, Muscheln oder Zapfen an. Blätter presst du in einem Katalog oder im Telefonbuch.

Mit einem Taschenmesser kannst du tolle Formen in Äste schnitzen. Führe dabei das Messer immer von dir weg und achte bei jeder Kerbe darauf, dass kein Finger im Weg ist. Große Äste, Pfähle oder Bretter müssen manchmal erst gesägt werden. Spanne dazu das Holzstück mit einer Schraubzwinge fest und markiere die Sägestelle mit Bleistift. Dann sägst du langsam mit geraden Bewegungen. Aber Achtung, lass dir beim Sägen von einem Erwachsenen helfen.

BASTELN MIT PAPIER

Vorlagen übertragen

1 Nimm einen Bogen Transparentpapier oder dünnes Malpapier, lege es auf die Vorlage und fahre die Linien einfach mit einem Bleistift nach.

2 Das Transparentpapier kannst du nun ausschneiden und auf das jeweilige Material legen. Für festere Schablonen klebst du das Transparentpapier nochmal auf Karton. Wenn du diese Schablone nun mit einem Bleistift oder Filzstift umfährst, hast du die Vorlage schon übertragen.

3 Nun kannst du das Motiv mit der Schere ausschneiden.

Tipp: Manchmal ist es sinnvoll, die Vorlage direkt auf deine Bastelarbeit zu übertragen. Gehe dazu wie unter Punkt 1 beschrieben vor, wende das Transparentpapier und ziehe die Linien auf der Rückseite mit Bleistift nach. Das Transparentpapier wieder wenden, auf Tonpapier oder -karton legen und alle Linien mit hartem Bleistift nachzeichnen.

Quilling

Für einige Modelle, z. B. für das Aquarium auf S. 80
brauchst du eine besondere Technik: Das Quilling. Dabei
werden Papierstreifen gerollt. Dazu nimmst du einen so
genannten Quillingstab. Du bekommst ihn im Bastelladen oder stellst ihn dir selbst her. Säge oder schneide
dazu zusammen mit einem Erwachsenen einen 1 cm
tiefen Schlitz in das Ende eines Rundholzstabs.

Quillingstreifen vorbereiten

Am einfachsten ist es, wenn du dir fertige Papierstreifen
im Handel besorgst (sie sind in der Regel 30 cm lang). Du
kannst sie aber auch mit einem Lineal und einem Cutter
aus einem Tonpapierbogen selbst herstellen. Das Papier
sollte aber nicht stärker als 130 g/qm sein.
Die benötigten Längen sind in den Materiallisten angege-
ben. Solltest du einmal längere Streifen benötigen, klebe
einfach mehrere Streifen zusammen.

Grundform quillen

Schiebe ein Ende des Papierstreifens in den Schlitz des
Quillingstabes. Dann den Streifen straff um den Stab
wickeln, indem du den Stab gleichmäßig um die eigene
Achse drehst. Danach nimmst du den aufgewickelten
Streifen vom Stab und klebst das Ende des Streifens mit
Alleskleber fest, damit der Kreis nicht weiter aufspringt.
Dieser Kreis ist die Grundform, aus der fast alle anderen
Formen hergestellt werden.
Achte besonders bei größeren Formen darauf, dass die
inneren Ringe gleichmäßig verteilt sind. Hierzu den inner-
sten Ring an den Rand ziehen und zwischen Daumen und
Zeigefinger festhalten. Mit der anderen Hand den Kreis
drehen, sodass sich die Ringe gleichmäßig verteilen. An-
schließend alle Lagen zusammen mit dem inneren Ring
mit Kleber fixieren.

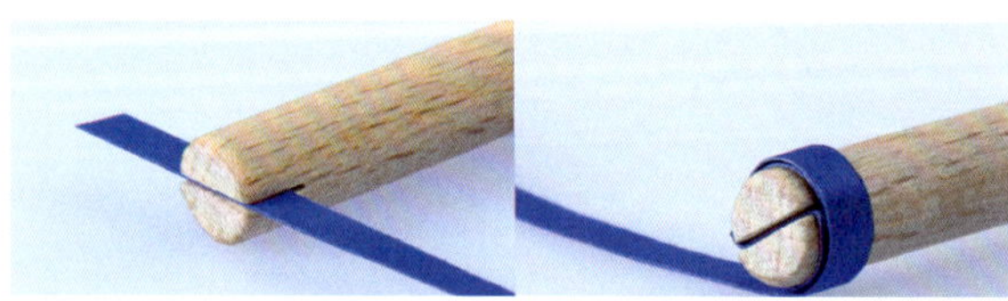

Motive zusammenfügen

Die einzelnen Teile der Motive fügst du mit Alleskleber
zusammen. Möchtest du ein Motiv auf einen Untergrund
kleben, z. B. auf eine Geschenkbox, streiche die untere
Seite des Motivs mit einem Flachpinsel dünn mit Klebstoff ein. Drücke dann das Motiv auf den gewünschten
Untergrund auf.

Pappmaschee

1 Zerreiße das Zeitungspapier (wenn die Bastelarbeit
transparent werden soll, nimmst du Seidenpapier) in
kleine Stücke, ca. 4 cm x 4 cm groß. Streiche dann die
Form, die du bekleben möchtest, dick mit Tapetenkleister
ein und klebe die Zeitungspapierschnipsel leicht über-
lappend auf. Trage nach jeder Schicht neuen Kleister auf
bis du ca. 3 bis 4 Lagen hast. Nun alles glattstreichen und
trocknen lassen.

2 Jetzt kannst du die Motivteile aus Fotokarton ausschneiden. Knicke eine Klebekante nach hinten und
klebe sie fest. Zum Kleben kannst du Alleskleber, eine
Heißklebepistole oder Malerkrepp verwenden. Jetzt
kannst du Wattekugeln für die Augen und Toilettenpapier-
röllchen als Körperdekor hinzufügen.

3 Unebenheiten kannst du mit Pulpe ausgleichen, einem
feinen Brei aus Kleister und Toilettenpapier.

4 Ist dein Objekt getrocknet, kannst du es weiß grundie-
ren und anschließend bemalen.

Hexentreppe falten

Klebe die Enden der Papierstreifen so aufeinander, dass sie in einem rechten Winkel zueinander stehen. Lege die Streifen so vor dich hin, dass die zusammengeklebte Ecke auf dich zeigt. Falte den linken Streifen nach vorne über den rechten Streifen, sodass wieder ein rechter Winkel entsteht. Wiederhole das immer abwechselnd mit beiden Streifen.

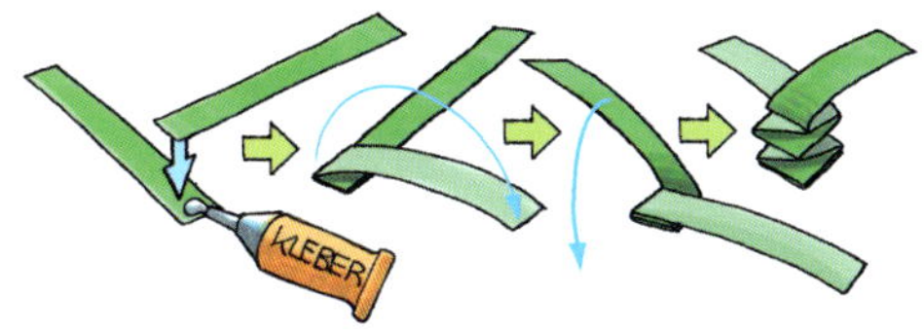

POMPONS WICKELN

Du hast verschiedene Möglichkeiten, einen Pompon zu wickeln, z. B. mit Pomponsets aus Plastik, oder mit selbst gemachten Schablonen aus Pappe.

Wickeln mit dem Pomponset

1 Leg die vier Steckteile paarweise Rücken an Rücken und umwickle sie nacheinander mit der gewünschten Wolle.

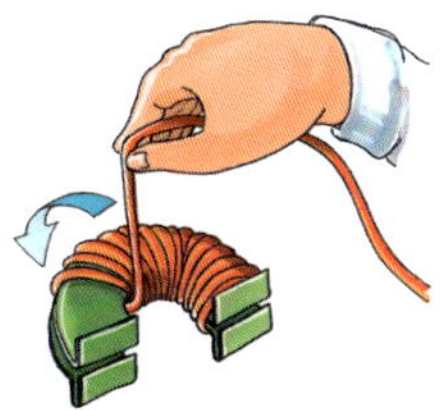

2 Steck die umwickelten Teile zusammen, sodass ein Ring entsteht. Jetzt schneidest du mit der Schere ringsum die Wolle auf.

3 Leg ein Stück Wolle in den schmalen Spalt zwischen den Steckteilen und mach einen festen Knoten. Du bindest den Pompon damit ab.

4 Entferne die Steckteile und schneide den Pompon in die Form und die Größe, die er haben soll.

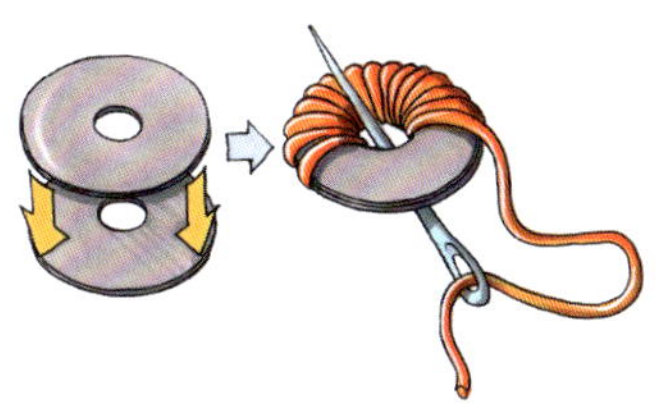

Wickeln mit Pappschablonen

1 Mit der Vorlage auf dieser Seite (siehe unten) kannst du zwei Pappschablonen anfertigen, die genau gleich aussehen.

2 Leg die Schablonen aufeinander und umwickle sie mit Wolle. Dazu fädelst du am besten einen langen Wollfaden in eine dicke Stopfnadel und windest sie wie auf dem Bild in festen Schlingen um die Pappringe.

3 Ist das Loch in der Mitte der Pappschablonen ausgefüllt, schneidest du die Wolle ringsum mit der Schere auf und bindest sie zwischen den Pappringen mit einem Wollfaden ab. Jetzt reißt du die Pappschablonen ein, entfernst sie und schneidest den Pompon in die passende Form.

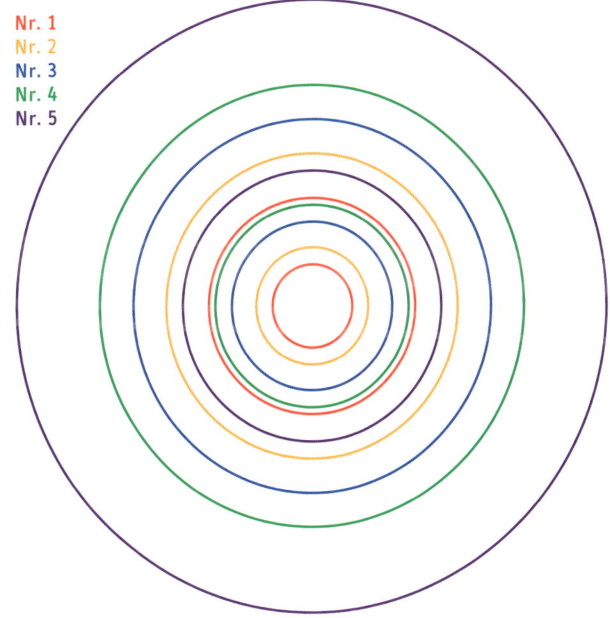

Bunte Pompons wickeln

Einige Tiere haben bunt gemusterte oder zweifarbige Körper. Diese werden auf unterschiedliche Weise gefertigt:

1 Bunt melierte Pompons entstehen, wenn du verschiedenfarbige Wollfäden gleichzeitig um die Schablonen wickelst.

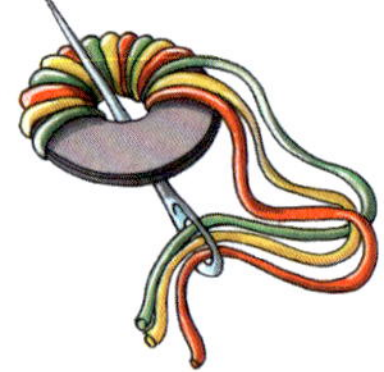

2 Zweifarbige Pompons bekommst du, indem du beide Hälften der Pompons in verschiedenen Farben wickelst.

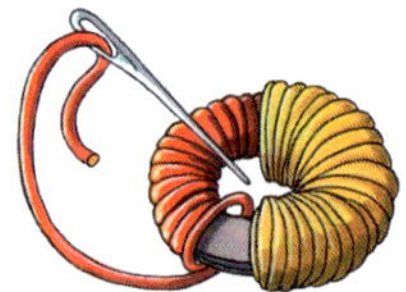

BASTELN MIT MODELLIERMASSEN

Es gibt zwei verschiedene Arten von Modelliermassen: an der Luft trocknende sowie Massen, die im Ofen gehärtet werden müssen, wie z. B. Fimo®.

Was du sonst noch brauchst? Vor allem geschickte Finger. Manchmal kann auch ein Küchenmesser, Plätzchenausstecher oder ein Zahnstocher hilfreich sein. Im Bastelladen gibt es auch spezielle Modellierwerkzeuge.

Farbige Modelliermassen kannst du so lange durchkneten, bis sich die Farben vermischen. Einen Marmoreffekt bekommst du, wenn du die Knetstränge miteinander verzwirbelst. Aus langen Strängen kannst du ganze Musterwürste legen und diese dann scheibchenweise oder zu Kugeln gerollt verwenden.

MOSAIKE HERSTELLEN

Materialien für Mosaike

Du kannst unterschiedliche Materialien für deine Mosaike verwenden, entweder Steinchen oder Plättchen aus dem Hobbyfachhandel oder Fundstücke aus Haus und Garten (z. B. Porzellan, Fliesen, Kieselsteine usw.).

Wenn dein Material zu groß ist, schneide es mit einer Zange zurecht. Du kannst das Material aber auch mit einem Tuch abdecken und mit dem Hammer in kleine Stücke schlagen. Trage dabei immer eine Schutzbrille, damit du nichts in die Augen bekommst!

Untergrund

Ein Mosaik kann auf fast jedem Untergrund entstehen: z. B. Holzplatte, Schale oder Tontopf. Saugfähige Untergründe sollten grundiert werden.

Je nach Untergrund bietet sich ein anderer Klebstoff an, mit dem die Mosaiksteinchen befestigt werden.

Klebstoff

Holz- oder Weißleim eignet sich für die meisten Mosaikarbeiten. Du kannst aber auch Mosaikkleber aus dem Bastelladen oder transparentes Silikon verwenden, sie werden nach dem Trocknen transparent. Für Naturmaterialien und Objekte, die draußen stehen sollen, ist Fliesenkleber besser geeignet. Es gibt ihn als Pulver zum Anrühren oder fertig als Dispersionskleber zu kaufen. Bestreiche die Mosaiksteine oder Fliesenstücke mit Klebstoff (benutze dazu einen Pinsel oder Feinspachtel) und klebe sie auf. Zuerst klebst du die Form und den Rand, später füllst du die Zwischenräume aus.

Verfugen

Über jedes aufgeklebte Mosaik kommt eine Schicht Fugenmasse. Das ist ein Pulver, das du nach Herstellerangaben (meistens im Verhältnis 1:4) mit Wasser anrührst.

Für bunte Fugen mischst du dem Pulver Acrylfarbe oder
Nachleuchtpigmente bei. Es gibt aber auch fertige bunte
Fugenmassen im Fachhandel. Trage am besten eine
Staubmaske und Gummihandschuhe! Rühre die Masse
mit Wasser in einem alten Becher zu einer teigartigen
Konsistenz an. Dann verteilst du die Masse gleichmäßig
mit einem Spachtel über dein ganzes Mosaik. Nach zehn
Minuten, wenn die Masse fester wird, wischst du das
Ganze vorsichtig mit einem feuchten Schwamm wieder
ab. Zum Schluss kannst du das Mosaik noch mit einem
weichen Lappen polieren.

BASTELN MIT CHENILLEDRAHT

Chenilledraht biegen

Damit du die Motive aus diesem Buch leicht nacharbei-
ten kannst, gibt es für einige Modelle Skizzen auf den
Vorlagenseiten. Diese zeigen, wie du den Chenilledraht
biegen kannst.
Ein paar grundsätzliche Techniken werden dir hier zusätzlich erklärt.

Drehen, Wickeln und Knicken

1 Ein Chenilledraht wird mit sich selbst verdreht.

2 Zwei Chenilledrähte werden miteinander verdreht.

3 Ein Chenilledraht wird um einen Stift gewickelt.

4 Ein Chenilledraht in Zickzackform.

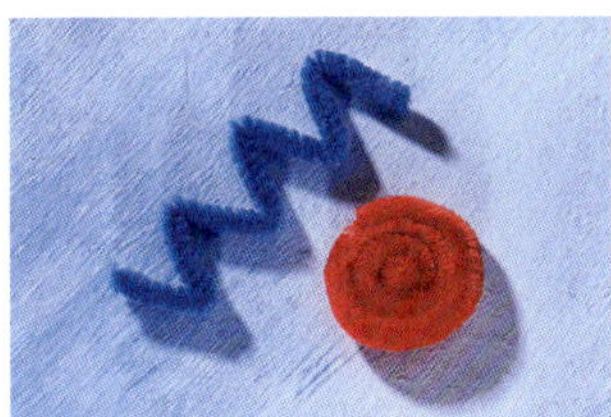

5 Ein Chenilledraht wird schneckenförmig zu einem
Kreis aufgewickelt.

Schlaufen an der Basis verdrehen

Dies bedeutet, dass der Draht zur Schlaufe gelegt und
die Drahtenden dort, wo sie sich überschneiden, einmal
miteinander verdreht werden. Deine Biegearbeit hält
dadurch zusammen – ganz ohne Klebstoff.
Das Verdrehen der Schlaufen wird z. B. bei Blüten ange-
wandt: Den Chenilledraht fünfmal fest um einen Rundholzstab wickeln und abstreifen. Die fünf Schlaufen an
der Basis verdrehen und zu Blütenblättern ausformen.
Die Drahtenden um die Blütenmitte verdrehen.

Einen Draht rasieren

Dies bedeutet, dass du mit der Schere rundherum
die Plüschfasern knapp abschneidest. Der Draht wird
dadurch dünner, sodass feine Teile, wie z. B. eine kleine
Krone, damit gestaltet werden können.

HINWEIS FÜR DICH

Die Bastelideen in diesem Buch sind
in drei Schwierigkeitsgrade unterteilt:

● ● ● für Bastelanfänger

● ● ● für fortgeschrittene Bastler

● ● ● für Bastelprofis

DAS BRAUCHST DU

- Schwimmknete in Rot, Blau, Schwarz, Weiß und Rosa
- Modellierholz
- Frühstücksbrett

1 Mische zwei Stangen blaue, eine weiße, eine rosafarbene und eine halbe Stange schwarze Schwimmknete, indem du sie kräftig in den Händen durchknetest.

2 Wenn eine gleichmäßige grau-blaue Farbe entstanden ist, trenne ein Viertel davon ab und lege es zur Seite.

3 Forme aus dem großen Teil der Knetmasse zuerst eine Kugel, dann daraus einen länglichen Fischkörper, der nach hinten schmal ausläuft. Aus dem kleineren Teil der Knete formst du Flossen, eine symmetrische Schwanzflosse, eine spitze Rückenflosse und zwei kleine Flossen für die Unterseite.

4 Mithilfe eines Modellierholzes verbindest du die Flossen nacheinander mit dem Haikörper. Dabei streichst du sanft mit dem Modellierholz über die Verbindungsstelle, bis der Übergang glatt ist.

5 Nun braucht der Hai noch ein Gesicht. Aus weißer Knete formst du eine kleine Rolle, die in der Mitte dick ist und an den Enden spitz zuläuft. Drücke sie mit dem Finger auf dem Brettchen platt. Löse die Knete vorsichtig vom Brettchen und bringe sie als grinsendes Maul an. Mit dem Messer ritzt du die Zähne ein.

6 Aus roter Knete rollst du zwei lange, sehr dünne Schlangen. Diese legst du als Lippen oberhalb und unterhalb der Zähne auf und drückst sie leicht an.

7 Für die Augen formst du für jede Seite ein Oval aus weißer Knete, drückst es platt und setzt es links und rechts an den Kopf. Forme aus wenig Knete zwei schwarze Kügelchen und drücke sie als Pupillen sanft auf die Augen. Die Kiemen ritzt du mit dem Messer ein. Nun kannst du den Hai in der Badewanne schwimmen lassen – hüpf schnell dazu!

TIEFSEE-JÄGER

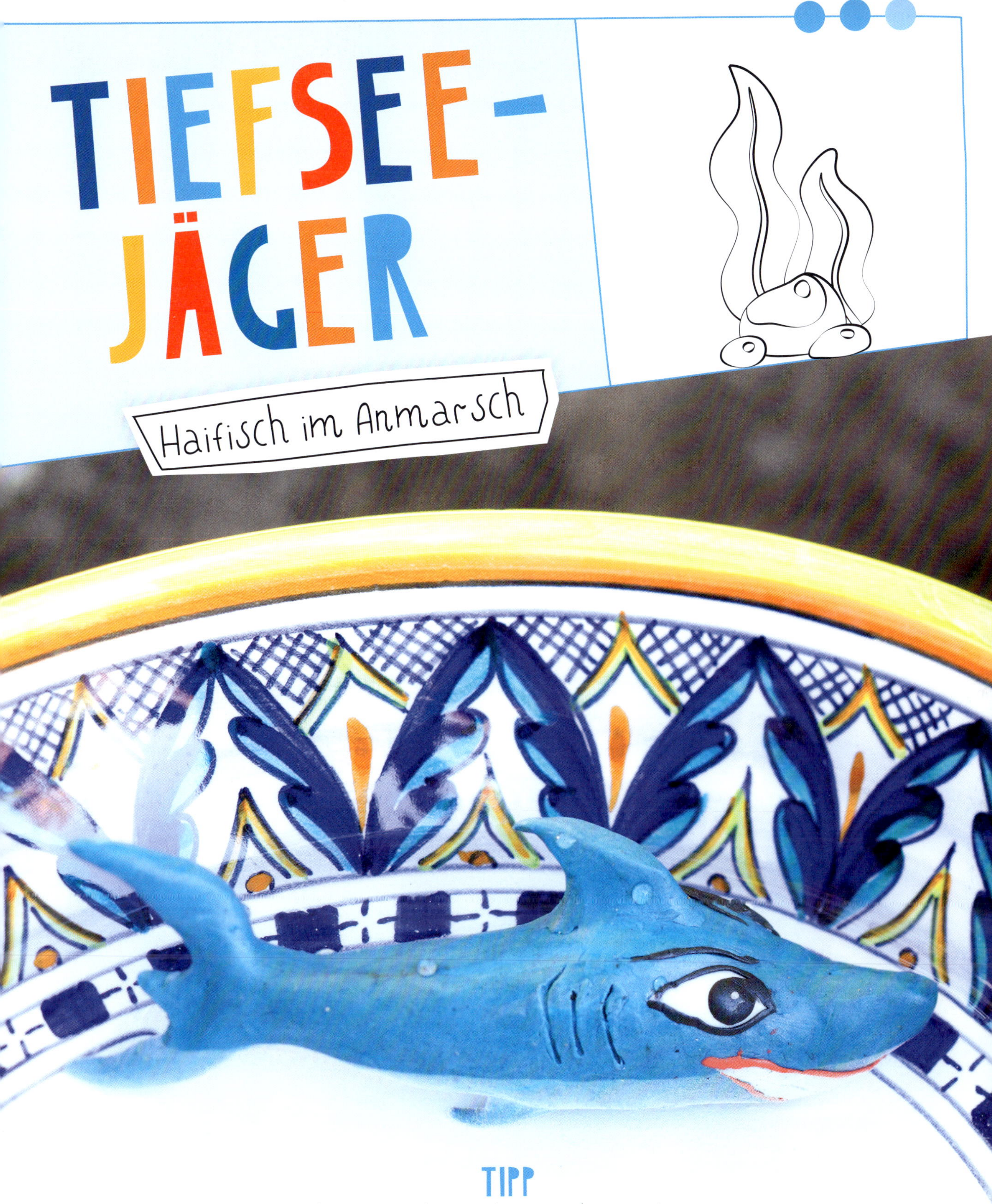

TIPP

Brauchst du noch eine Spielidee für deinen nächsten Geburtstag? Bei einem lustigen Angelspiel könnt ihr eure Geschicklichkeit messen. Jeder Gast formt seinen individuellen Fisch aus Schwimmknete. Durch die Rückenflosse schiebt ihr vorsichtig eine Büroklammer. Als Angel dient ein Stock mit einer Schnur. Eine aufgebogene Büroklammer wird als Angelhaken befestigt. Wer fängt die meisten Fische?

ZWEI GRUSELIGE GESELLEN

spuken unterm Dach!

SPINNE

1 Für die gruselige Spinne brauchst du einen runden Pompon mit einem Durchmesser von 4 cm (siehe dazu Seite 7). Damit die Spinne schnell laufen kann, bekommt sie acht Beine. Dazu die beiden Chenilledrähte jeweils in drei gleich große Teile schneiden. Vier der Drahtstücke nehmen und wie abgebildet zu Spinnenbeinen biegen. Jeder Draht ergibt zwei Beine!

2 Lege nun die gebogenen Chenilledrahtstücke sternförmig übereinander und klebe sie am besten in der Mitte aufeinander, damit sie nicht mehr verrutschen. Wenn der Klebstoff trocken ist, kannst du die Beine unter den Körper kleben.

3 Nun sind die Augen dran. Schneide nach der Vorlage runde Kreise aus Papier aus und male schwarze Pupillen auf – oder klebe einfach Wackelaugen auf, wenn du welche zur Hand hast. Zum Schluss noch den roten Fertigpompon als Nase anbringen. Fertig!

FLEDERMAUS

1 Für den Bauch brauchst du einen Pompon mit einem Durchmesser von 5 cm, schneide ihn mit der Schere in Form. Die Enden des Abbindefadens dabei nicht abschneiden. Daran kannst du die Fledermaus später aufhängen.

2 Den Kopf, die Flügel und die Beine schneidest du der Vorlage nach aus Fotokarton aus und bemalst sie mit Buntstiften. Die Augen und die Nase aufkleben und mit schwarzem Filzstift die Pupillen aufmalen. Dann den Kopf, die Flügel und die Beine in den Pompon einkleben. Schon kann die Fledermaus auf dem staubigen Dachboden herumfliegen.

GEFÄHRLICHER DRACHE

1 Fertige von allen Teilen Schablonen an und übertrage die Umrisse auf den farbigen Karton. Der Rumpf des Drachen wird nur einmal benötigt, das Horn, das Ohr und der Flügel zweimal und das Bein viermal. Schneide dann die Teile sorgfältig aus.

2 Beim Zusammenkleben fängst du mit den Beinen an. Klebe zuerst ein Hinterbein und dann ein Vorderbein an. Die beiden anderen Beine werden auf der Rückseite leicht nach hinten verschoben angeklebt.

3 Jetzt kannst du ein Horn und ein Ohr ankleben. Von hinten ebenfalls leicht versetzt das andere Horn und Ohr befestigen. Male das Drachengesicht auf und tupfe die Punkte auf den Rumpf auf. Die Schwanzspitze wird noch schwarz angemalt.

4 Zum Schluss klebst du zuerst den linken Flügel an. Den rechten Flügel musst du vor dem Ankleben umdrehen.

TIPP

Wenn dir ein grüner, brauner, grauer oder gelber Drache besser gefällt, schneidest du die Teile einfach aus einem andersfarbigen Karton aus. Du kannst auch noch Sterne, Wolken oder Fledermäuse ausschneiden.

DAS BRAUCHST DU

- Fotokarton in Rot, 45 cm x 20 cm
- Fotokarton in Schwarz, 40 cm x 40 cm
- Filzstift in Schwarz

Vorlage Seite 98

PUSTEMONSTER

aus der Galaxis

1 Rühre in verschiedenen Behältern Deckfarben an, z. B. in einem Becher Pink und in einem anderen Lila. Gieße von jeder Farbe einen dicken Klecks auf das Papier, sodass die Kleckse dicht nebeneinander liegen.

2 Puste von der Farbenmitte aus mit dem Strohhalm kräftig auf die Farbkleckse. Die Farben mischen sich teilweise und verbreiten sich in alle Richtungen. Mit dem Strohhalm „jagst" du nun die einzelnen Stacheln weiter auf deinem Blatt. Du weißt nie genau, wie dein Monster am Ende aussehen wird. Lass dich überraschen!

3 Mit etwas Fantasie kannst du Arme, Beine und den Kopf erkennen. Wenn die ganze Farbe verpustet ist, lässt du das Bild gut trocknen. Dann klebst du den Monstern Wackelaugen auf. Mit einem Filzstift malst du jedem einen großen, bizarren Mund. Schneide aus dem weißen Papier ein paar spitze Zähne aus und klebe sie an.

4 Den Hintergrund gestaltest du mit Tafelkreide. Ziehe die Breitseite der hellbraunen Kreide in einem großen Bogen über das Blatt. So deutest du eine Mondlandschaft an. Male mit der Kreide einige Krater auf den Planeten.

5 Das Weltall malst du mit blauer Kreide. Halte ein wenig Abstand von den Pustemonstern, damit du sie nicht übermalst. Mit deinem Finger verwischst du die Kreide anschließend mit kreisenden Bewegungen. Rund um deine Monster verstreichst du nur wenig Kreidepulver. So bleiben die grellen Farben erhalten.

Tipp

Gestalte selbst Einladungskarten für deine nächste Monsterparty! So ein gruseliges Mottofest macht am Geburtstag oder an Halloween großen Spaß!

DAS BRAUCHST DU

- Deckfarbenkasten
- Zeichenblock, A3
- Wackelaugen, ø 0,5 cm–2,5 cm
- Blatt Papier
- Tafelkreide in Dunkelblau, Hellbraun und Gelb
- kleine Behälter, z. B. Joghurtbecher
- Strohhalm

KRABBEL-TIERCHEN

mit Kuschelbeinen

Pro Krabbeltier
- je 1 Tonpapierstreifen,
  2 cm breit: in Schwarz und Rot,
  30 cm lang, Schwarz und Grün,
  45 cm lang, oder Schwarz und
  Gelb, 50 cm lang
- Tonpapierreste in Schwarz,
  Rot, Gelb oder Grün (für den Kopf
  und die Flügel)
- 2 runde oder ovale Wackelaugen,
  ø 1 cm
- Chenilledraht in Schwarz oder
  Grün; roter Käfer: 6x 4 cm (für die
  Beine) und 3 cm (für die Fühler);
  grüner Käfer: 6x 9 cm (für die
  Beine) und 10 cm (für die Fühler);
  gelber Käfer: 6x 8 cm (für die
  Beine) und 23 cm lang
  (für die Fühler)
- Seitenschneider

Vorlage Seite 98

1 Zuerst faltest du aus den beiden Tonpapierstreifen Hexentreppen mit acht Zacken (roter Käfer), zehn Zacken (grüner Käfer) oder zwölf Zacken (gelber Käfer) (siehe dazu Seite 7). Der letzte Faltabschnitt ist der Kopf. Runde ihn mit der Schere ab. Damit der Kopf als letzter Faltabschnitt auf- und abgeklappt werden kann, den letzten schwarzen Faltabschnitt mit dem vorletzten farbigen zusammenkleben. Schneide dann den überstehenden Rest vom schwarzen Papierstreifen ab. Platziere nun die Wackelaugen auf dem Kopf.

2 Stecke den mittig geknickten Fühlerdraht hinter dem Kopf ein und klebe ihn an. Nach drei Zacken die beiden Flügel einkleben. Klebe nun an der Unterseite an drei aufeinanderfolgenden Zacken jeweils einen Beindraht ein.

3 Beim Zurechtbiegen der Beine das erste Beinpaar nach vorn, die beiden anderen Beinpaare nach hinten biegen. Knicke dann beim grünen und beim gelben Käfer nach 2 cm die Beine nochmals in die gleiche Richtung. Die Fußspitzen in die entgegengesetzte Richtung biegen.

UNTERWASSER-RÄUBER

1 Fertige zuerst Schablonen von den Haien an, übertrage die Umrisse auf Fotokarton und schneide die Haie aus.

2 Die Brustflossen markierst du zunächst mit einer leichten Bleistiftlinie und ziehst sie dann mit einem feinen Filzstift nach. Das Auge malst du in der Mitte des Kopfes über dem Maulende auf. Zeichne dahinter noch vier Kiemenspalten ein.

3 Bemale die Fischunterseite mit weißem Buntstift. Den restlichen Umriss evtl. mit einem blauen Buntstift nachziehen und den Hai blau schattieren. Bastle dir einen ganzen Haie-Schwarm und klebe die Räuber in dein Fenster!

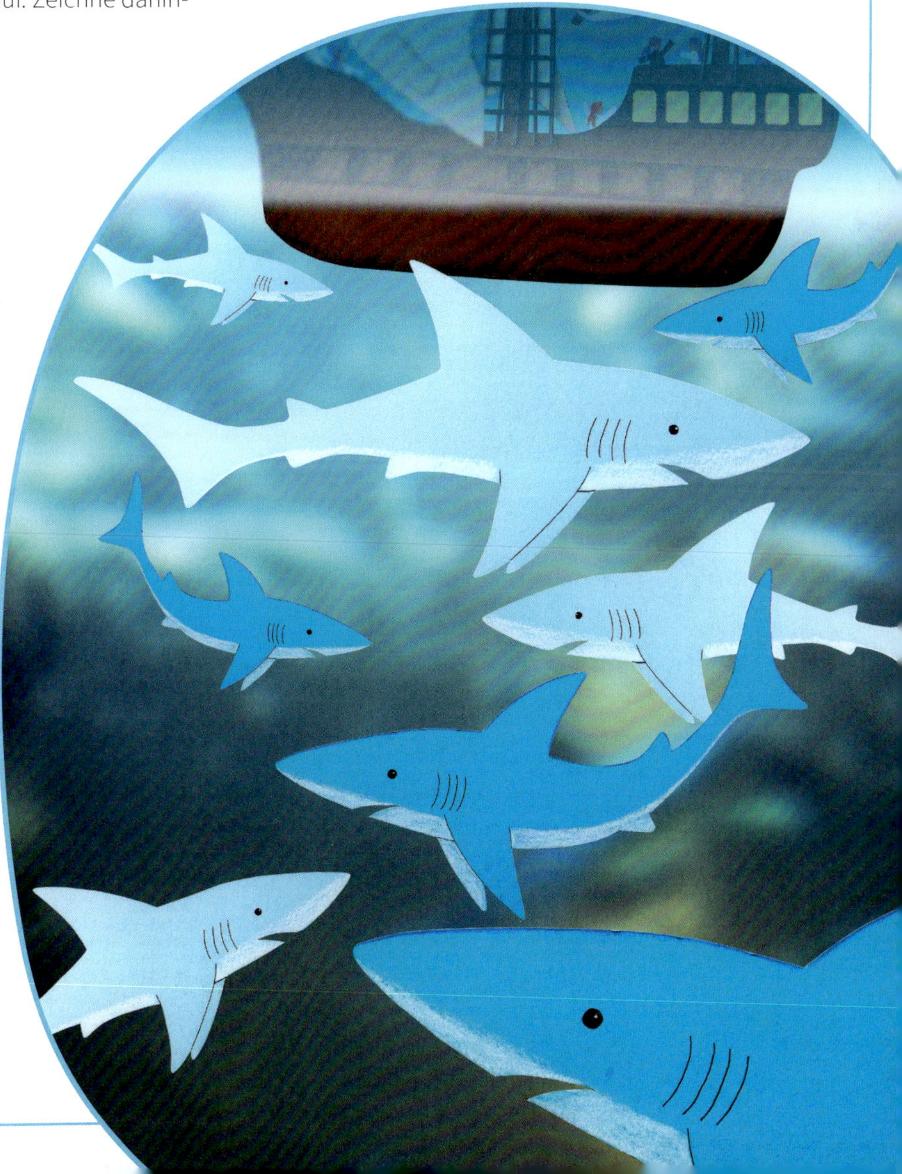

Tipp

Wenn du deine Haie aus Metallic-Fotokarton ausschneidest, sehen sie noch beeindruckender aus!

DAS BRAUCHST DU

- Fotokarton in Hell- oder Mittelblau, A4

Vorlage Seite 99

Pro farbige Viper (oben)

- 2 ovale Holzscheiben mit Rinde in Gelb oder Orange, ca. 2 cm breit, ca. 4,5 cm lang (Bastelpackung)
- Weidenzweigstücke in Gelb oder Orange, ø 0,5–0,8 cm, 1,5–2 cm lang (Bastelpackung)
- Rohholzperlen, 24 cm x ø 1 cm und 1 mm x ø 6 mm (für die Viper links) oder Holzperlen in Rot, 16 cm x ø 1 cm und 1 mm x ø 6 mm, Rohholzperle, ø 1 cm (für die Viper rechts)
- Rohholzperle, ø 6 mm (für die Schwanzspitze), oder Holzperle in Rot, ø 6 mm (für die Schwanzspitze)
- geglühter Blumendraht, ø 0,65 mm, 80 cm lang
- Acrylfarbe in Schwarz (für die Augen)
- Fotokartonrest in Rot
- Bohrer, ø 1 mm

Pro Schlange (unten)

- Haselaststücke, ø 1,4 cm (für die Schwanzspitze) und 1,8 cm (für den Kopf und die Rumpfglieder), 3,5 cm lang (für den Kopf) und 1,8–2,2 cm lang (für die Rumpfglieder)
- 10–13 Holzperlen in Gelb oder Grün, ø 8 mm oder 1 cm
- 2 Rohholzperlen, ø 8 mm
- geglühter Blumendraht, ø 0,65 mm, 45–50 cm lang
- geglühter Blumendraht, ø 0,35 mm, 20 cm lang (zum Befestigen der Augen)
- Acrylfarbe in Schwarz und Weiß (für die Augen)
- Fotokartonrest in Rot
- Bohrer, ø 1 mm

Vorlage Seite 98

FARBIGE VIPERN

1 Lege die beiden Holzscheiben aufeinander. Durchbohre sie ca. 1 cm vom Rand entfernt mit einem Handbohrer und binde einen Draht an.

2 Fädele nun abwechselnd Holzperlen und in Längsrichtung durchbohrte Zweigstücke auf. Beginne dabei mit den größten Zweigstücken. Zum Schluss noch die kleine Holzperle andrahten.

3 Die übrig gebliebene Rohholzperle in der Mitte spalten und die Hälften als Augen aufkleben. Tupfe dann die schwarzen Pupillen und die Nasenlöcher mit einem Hölzchen auf. Die Zunge aus rotem Fotokarton ausschneiden und ankleben.

SCHLANGEN

1 Säge den Kopf für das Maul ca. 2,5 cm weit ein. Schneide dann am Kopf und an den Rumpfgliedern die Ränder ab. Den Kopf und die Rumpfglieder der Länge nach durchbohren.

2 Biege an einem Ende des langen Drahtes eine Öse und stecke das andere Ende des Drahtes vom Maul her durch den Kopf und danach abwechselnd durch die Holzperlen und die Rumpfglieder. Die Schwanzspitze bildet eine Holzperle.

3 Bohre für die Befestigung der Augen 1 cm vom Hinterkopf entfernt vier Löcher im Abstand von 5 mm von oben in den Kopf. Stecke den kurzen dünnen Draht von unten durch das linke Loch, fädele die Rohholzperle auf und führe dann den Draht durch das zweite Loch nach unten und durch das dritte Loch wieder nach oben. Die andere Rohholzperle auffädeln und den Draht durch das vierte Loch nach unten stecken. Beide Drahtenden miteinander verdrehen, kürzen und andrücken. Die Augen und die Nasenlöcher auftupfen und die Kartonzunge ankleben.

WILDE SCHLANGEN

züngeln durchs Unterholz

FEURIGE SALAMANDER

beim Sonnenbaden

1 Falte zuerst die beiden Hexentreppen (siehe dazu Seite 7). Übertrage den Kopf und die Füße auf Tonpapier, schneide sie aus und klebe die Wackelaugen auf den Salamanderkopf.

2 Kürze bei der breiteren Hexentreppe den letzten Faltabschnitt auf 1 cm und drehe die Hexentreppe, sodass der Faltabschnitt nach unten zeigt. Klebe den Kopf auf diesen Faltabschnitt. Klebe dann noch die schmale Hexentreppe als Schwanz an.

3 Klebe am Rumpf beidseitig, d.h. von vorn und von hinten gesehen, jeweils am zweiten Randzacken die vier Beindrähte ein, sodass sie schräg nach oben weisen. Biege die Beindrähte nach 2,5 cm nach unten. Dann die letzten 5 mm rechtwinklig umbiegen und daran die Füße ankleben, damit der Feuersalamander sicher auf seinem sonnigen Felsen steht.

Vorlage Seite 99

HÖHLENMALEREI

zu Besuch bei den Mammuts

1 Zeichne die Umrisse der Tiere der Vorlage nach mit schwarzer Kreide vor. Dann füllst du die Flächen mit verschiedenen dunklen Brauntönen aus, z. B. malst du die Mammutmama rotbraun und das Mammutbaby schokobraun an. Male anschließend mit hellerem Braun oder Ocker über die beiden dunkleren Brauntöne.

2 Nimm weiße Kreide für die Stoßzähne. Male einen dicken, weißen Punkt für die Augen. Dann ziehst du mit der schwarzen Kreide noch einmal die Augen nach. Male zum Schluss kleine, wuschelige Haarbüschel auf den Kopf und den Rücken der Tiere auf.

3 Male jetzt um die Mammute herum noch Berge und Steine, fertig ist deine Urzeitlandschaft.

4 Besprühe die Höhlenmalerei mit Haarspray: So kann die Kreide nicht verwischen.

DAS BRAUCHST DU

- Pastellkreide in Weiß, Schwarz, Rotbraun, Dunkelbraun und Ocker
- Pappe in Grau, z. B. Zeichenblockrückseite
- Haarspray

Vorlage Seite 100

HUNDE-TRIO

DAS BRAUCHST DU

Pro Hund
- Eierkarton-Zapfen, 7 cm hoch
- Eierkarton-Rand
- Tonpapierrest in Rot
- 2 Wackelaugen, ø 4 mm oder 5 mm
- Acrylfarbe in Braun oder mehreren Brauntönen
- Lackmalstifte in verschiedenen Farben
- Konturenfarbe in Schwarz (für die Nase)

Vorlage Seite 103

1 Für den Rumpf des Hundes rundest du den Zapfen an der Unterseite ab und malst ihn in Braun an. Schneide dann einen Abschnitt des Schachtelrands heraus und schneide daraus wie abgebildet einen Kopf aus. Die Ohren können noch gekürzt, evtl. abgerundet und nach dem Bemalen nach vorne gebogen werden.

2 Schneide mit einem Cutter einen kleinen Schlitz in den unteren Bereich der Schnauze. Lass dir dabei von einem Erwachsenen helfen! Die Zunge aus Tonpapier ausschneiden und einstecken. Die Nase mit der Konturenfarbe aufmalen und die Wackelaugen aufkleben. Setze dann den Kopf probeweise auf den Rumpf auf, um zu sehen, ob er passt. Dann den Kopf wieder abnehmen und mit den Lackmalstiften das Halsband aufmalen. Zum Schluss den Kopf aufkleben.

Tipp

Für das Halsband und die Leine kannst du auch ein Stoffband aufkleben.

TIER-PARADE

1 Schneide zunächst bei allen Erdnüssen das untere Ende mit einer kleinen Schere ab, damit die Figuren gut stehen.

2 Bemale dann die Erdnüsse wie abgebildet mit Acrylfarbe. Beim Schaf den Körper in Weiß und den Kopf in Hautfarbe bemalen. Der Hase und der Hund bleiben naturfarben. Beim Hund die Flecken und das Halsband mit brauner bzw. roter Farbe und bei der Kuh die Flecken mit schwarzer Acrylfarbe aufmalen. Bei der Katze das Muster des Fells mit schwarzem Filzstift aufmalen.

3 Gestalte nun die Gesichter der Tiere mit schwarzem Filzstift und Acrylfarbe. Schattiere die Backen der Tiere mit Buntstiftabrieb. Setze mit einem Schaschlikstäbchen weiße Lichtpunkte auf.

4 Schneide aus Tonpapier die Ohren, die Schnäbel, den Hennenkamm, die Schnauzen und die Schwänze aus. Rolle die Schwänze auf einen Bleistift auf, damit sie sich kringeln. Die Ohren mit Buntstiftabrieb schattieren. Bei den Hundeohren die braunen Flecken ergänzen, beim Schwein mit rotem Buntstift die Linien für die Ohren und die Nasenlöcher aufmalen. Die Schnauze der Kuh mit Filzstift gestalten. Die Gewürznelken als Hörner grau bemalen.

5 Klebe alle Tiere wie abgebildet zusammen. Bei Henne und Küken Löcher bohren und die Federn einkleben. Bei der Kuh die Papierdrahtkordel mit Holzkugel als Kuhschwanz und die grau bemalten Gewürznelken als Hörner befestigen. Beim Schaf Körper und Kopf mit weißer Wolle bekleben.

6 Die Katze, den Hund, die Kuh und die Maus mit Heißkleber auf einer Holzscheibe befestigen. Den Hasen, das Schwein und das Schaf auf Isländisches Moos, die Henne auf Stroh aufkleben. Das Küken mit etwas Isländischem Moos im Vogelei fixieren. Bei der Maus die Vogelbeere ergänzen.

DAS BRAUCHST DU

- Erdnüsse, 3–4 cm lang
- Acrylfarbe in Weiß, Gelb, Hellgrau, Hellrosa, Schwarz, Rot und Braun
- Tonpapierreste in Rot, Gelb, Weiß, Orange, Hellrosa, Hellbraun, Hautfarbe und Hellgrau
- 4 Holzscheiben, 5 mm stark, ø 3 cm
- Isländisches Moos
- 2 Gewürznelken
- Papierdrahtkordel in Weiß, ø 2 mm, 4 cm lang
- Holzperle in Schwarz, ø 6 mm
- Vogelbeere
- Federn in Gelb und Weiß
- Vogelei, ca. 3 cm hoch
- etwas Stroh
- Märchenwollrest in Weiß
- Heißkleber

Vorlage Seite 101

1 Forme vier Rippen gelbes Fimo® zu einer Kugel und rolle die Kugel zu einem Ei. Etwa in der Mitte des Eis drückst du mit dem Zeigefinger eine Delle ein. Dort sollen später die Augen des Drachen sein.

2 Mische aus Gelb und Orange ein helles Orange. Forme daraus vier kurze Würste und setze sie als Nasenlöcher und Augenbrauen auf den Kopf. Für die Ohren formst du zwei größere Kugeln in Gelb und zwei kleinere Kugeln in Orange. Rolle daraus birnenförmige Würste und drücke sie platt.
Setze die orangefarbenen Plättchen auf die gelben Plättchen. Fixiere beide Ohren mit einem Zahnstocher am Kopf.

3 Forme acht Rippen gelbes Fimo® zu einer Kugel und rolle die Kugel zu einer birnenförmigen Wurst. Stelle sie auf die Tischplatte. Stecke einen Zahnstocher oben in die Spitze, sodass er ca. 1 cm weit herausschaut. Darauf setzt du den Kopf des Drachen.

4 Forme eine Kugel aus 2,5 Rippen gelbes Fimo® und rolle die Kugel zu einem Kegel. Der Kegel sollte an einem Ende spitz zulaufen und am anderen Ende dicker und flach sein. Setze den Schwanz am Drachen an und verstreiche die Übergänge gründlich mit deinen Fingern.

5 Forme zwei Kugeln und drücke sie platt. An einer Seite drückst du mit einem Zahnstocher einige Rillen ein. Drücke die Plättchen hinten ganz flach und stelle den Drachen darauf auf.

6 Forme eine marmorierte Wurst aus Grün, Dunkelgrün und Gelb und schneide ca. 3 mm dicke Scheiben davon ab. Drücke die Scheiben leicht platt. Befestige sie von unten nach oben als Schuppen auf dem Bauch des Drachen.

7 Für die Stacheln auf dem Rücken drückst du den Rest der Wurst in eine dreieckige Form und schneidest ca. 5 mm dicke Scheiben ab. Setze sie auf den Rücken und den Hinterkopf des Drachen auf.

8 Für die Arme rollst du zwei Würste. Drücke mit einem Zahnstocher Rillen in das eine Ende jeder Wurst.

9 Für die Flügel rollst du eine Fläche in Orange aus, überträgst die Vorlage der Flügel zweimal darauf und schneidest sie mit einem Modellierstab aus. Mit einem Zahnstocher Rillen eindrücken und beide auf den Rücken des Drachen setzen.

10 Nach dem Aushärten im Ofen kannst du deinem Drachen ein Gesicht mit Filzstiften aufmalen.

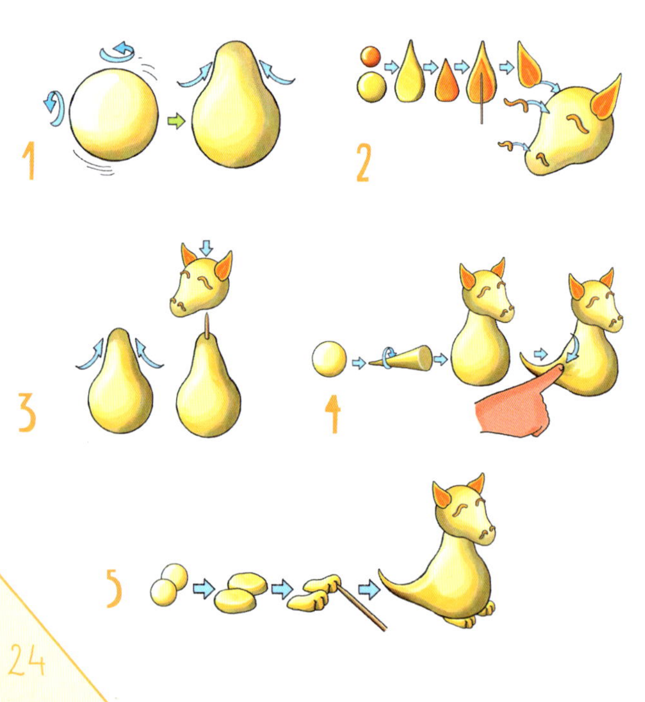

- Fimo® soft in 2x Gelb, Orange, Grün und Dunkelgrün

Vorlage Seite 101

KLEINER DRACHE WILLIBALD

Tipp

Du kannst für deinen Drachen auch eine Zettelburg bauen! Dafür brauchst du eine Zettelbox aus Kunststoff, etwas Fotokarton in Grau und Hellgrün, doppelseitiges Klebeband, Buntstifte in verschiedenen Farben und ein bisschen Fantasie!

AFFE UND GIRAFFE

AFFE

1 Male die Wattekugel braun an und lass sie trocknen. Für den Körper drei Drähte miteinander verflechten und um den Rundholzstab zu einer Spirale wickeln. Die Spirale abstreifen und kegelförmig zurechtbiegen.

2 Verdrehe zwei Drähte miteinander. Für die Beine ein ca. 30 cm langes Stück davon in der Mitte knicken, um die obere Körperspirale legen und von oben durch den Körper führen (siehe Vorlage). Den Körper mit dem Draht etwas zusammenziehen, dann die Drahtenden auseinanderbiegen und zu Beinen und Füßen formen.

3 Für die Arme 20 cm des verdrehten Drahts an den Enden aufrollen, sodass die Armlänge 16 cm beträgt. Die Arme steckst du quer durch den Körper und fixierst sie. Den Schwanz aus einem 14 cm langen Drahtstück biegen und am Ende des Körpers anbringen. Die Ohren aus je 3,5 cm Draht anfertigen.

4 Für die Schnauze ein 6,5 cm langes Drahtstück schneckenförmig aufrollen. Die Schnauze, die Perlen, die Halbperlen und die Ohren auf den Kopf und den Kopf auf den Körper kleben. Für die Banane trennst du eine Welle des gewellten Drahts ab.

PALME

1 Für den Stamm fertigst du zwei extralange Drähte an, indem du jeweils zwei Drähte an einem Ende miteinander verdrehst. Die extralangen Drähte miteinander verdrehen, fest um den Stab wickeln und abstreifen. Den übrigen braunen Draht mittig knicken.

2 Für die Palmblätter einen extralangen grünen Draht anfertigen. Lege beide Hälften in je fünf 6–7 cm lange Schlaufen (siehe Vorlage). Die Schlaufen jeweils an der Basis einmal verdrehen, das Ende an der ersten Schlaufe festdrehen.

3 Die Palmblätter mit dem geknickten braunen Draht zusammenfassen und in zwei Schlaufen legen. Die Enden durch die erste Schlaufe führen und mit dem Anfang verdrehen. Dabei den geknickten braunen Draht einhängen und mit festdrehen (siehe Vorlage). Den braunen Draht von oben nach unten durch den Stamm ziehen. Die Enden unten am Stamm fest verdrehen und abschneiden. Aus zwei miteinander verdrehten Drähten eine Rasenfläche anfertigen und die Palme aufkleben.

GIRAFFE

1 Zwei braune und drei gelbe Drähte verflechten und nach der Vorlage in Form biegen. Verdrehe einen gelben und einen braunen Draht miteinander. Für jedes Beinpaar ein 19 cm langes Stück abschneiden, durch den Körper stecken und mit Klebstoff fixieren. Den Draht biegst du mittig um und rollst die Enden ein.

2 Die Ohren (10 cm), die Hörner (6 cm) und den Schwanz (4 cm) wie abgebildet biegen und an der Giraffe anbringen. Zuletzt die Augen aufkleben.

DAS BRAUCHST DU

Für den Affen
- 6 Chenilledrähte in Braun und Rest in Beige
- gewellter Chenilledraht in Gelb
- 2 Halbperlen in Schwarz, ø 6 mm
- 2 Perlen in Schwarz, ø 4 mm
- Wattekugel, ø 2,5 cm
- Rundholzstab, ø 2,2 cm
- Acrylfarbe in Braun

Für die Palme
- Chenilledraht in 2x Beige, 4x Grün, 2x Dunkelgrün und 3x Braun
- Rundholzstab, ø 2,2 cm

Giraffe
- Chenilledraht, in 4x Gelb und 4x Braun
- 2 Perlen in Schwarz, ø 4 mm

Vorlage Seite 103

1 Den Fotokarton für den Rumpf des Krokodils zu einer ca. 5 cm dicken, 23 cm langen Rolle einrollen. Mit Klebestreifen fixieren.

2 Für den Kopf kürzt du das Styropor®ei mit einem Messer an der schmalen Seite um 4 cm. Lass dir dabei von einem Erwachsenen helfen! Lege dann einen Schmirgelpapierbogen um die Rumpfrolle herum. Reibe die Schnittfläche des gekürzten Eies darauf, sodass eine Wölbung nach innen entsteht. Klebe den Kopf am Rumpfende auf.

3 Für die Schnauze teilst du die Toilettenpapierrolle in Längsrichtung. Die Styropor®halbkugel in zwei gleich große Teile schneiden. Die beiden Teile jeweils an das Ende der Toilettenpapierrollenhälften kleben. Um den Maulinnenraum zu ebnen, füllst du den Hohlraum der einzelnen Rollenhälften mit geknülltem Zeitungspapier auf. Umwickle ihn danach mit Klebeband. Anschließend den Unterkiefer gerade, den Oberkiefer schräg unterhalb des Kopfes in den Rumpf kleben.

4 Nun werden die Beine angefertigt. Rolle hierzu die vier Fotokartonstreifen zu 4 cm langen, 1,5 cm dicken Rollen zusammen und fixiere sie mit Klebestreifen. Schräge die Rollen jeweils an einem Ende an, bevor du sie seitlich an die Rumpfunterseite klebst. Ergänze danach die Füße, indem du die Watteeier unter alle Beine klebst.

5 Forme deinem Krokodil einen schönen, ca. 17 cm langen Schwanz. Dazu rollst und knüllst du große Zeitungspapierbögen in Form und fixierst sie mit Klebestreifen. Klebe das breite Ende des Schwanzes in die Rumpfrolle.

6 Vervollständige dein Krokodil noch mit Zacken und Zähnen. Fertige dazu die Schablonen an und übertrage sie auf die Styropor®platte. Die Motive mit einem Cutter ausschneiden. Bestücke den Rumpf mit den großen Zacken. Für den Schwanz verwendest du die kleinen Zacken. Das Krokodil hat zwölf Zähne. Es ist einfacher, diese kleinen Einzelteile zunächst mit Pappmaschee (siehe Seite 6) zu überziehen und sie dann getrocknet am Krokodil anzubringen.

7 Verkleide nun dein gesamtes Modell mit Pappmaschee und lasse es trocknen. Trage dann eine weiße Grundierung auf. Nachdem die Farbe getrocknet ist, wird das Krokodil bis auf den Mundinnenraum hellgrün angemalt. Danach den Mund farbig gestalten und die Beine sowie Zacken verzieren.

8 Zum Schluss eine glänzende Klarlackschicht auftragen und nach dem Trocknen des Lacks die Augen und Nasenlöcher mit einem schwarzen Lackmalstift aufmalen.

DAS BRAUCHST DU

- Fotokarton, 23 cm x 70 cm
- Styropor®ei, ø 10 cm
- Toilettenpapierrolle
- Styropor®kugel, ø 5 cm
- 4 Watteeier, 3 cm lang
- Fotokartonstreifen, 4 cm x 10 cm
- Zeitungspapierbögen zum Knüllen
- Styropor®platte, 1 cm stark, DIN A5
- Acrylfarbe in Weiß, Pink, Hell- und Dunkelgrün
- Acryllack

Vorlage Seite 99

KROKO, DAS KROKODIL

SPINNENNETZ

1 Bemale die Mobileaufhängung in Weiß und lass die Farbe gut trocknen. Danach klebst du die Teile zusammen.

2 Klebe für die Spinnenkörper je einen 30 cm und einen 10 cm langen Streifen Tonpapier zusammen und quille daraus 3,5 cm große Kreise (siehe Seite 6). Die inneren Rundungen zur Seite ziehen und festkleben.

3 Für die Spinnenbeine 8 cm lange Chenilledrahtstücke zuschneiden. Knicke den Draht an einem Ende ca. 1 cm weit um, das sind die Füße. Knicke den restlichen Draht mehrmals unregelmäßig, bevor du ihn seitlich an den Körper klebst. Setze dann die Wackelaugen auf.

4 Das Chiffonband klebst du innen nahe der Mitte an die Aufhängung. Wickle das Band von innen nach außen wie abgebildet um jeden Mobilestab. Umwickle das ganze Gestell. Das Ende verknoten.

5 Zuletzt klebst du die Spinnen an den Füßen auf das Spinnennetz. Jetzt kannst du dein Kunstwerk aufhängen.

DAS BRAUCHST DU

- Mobileaufhängung aus Holz, ø 30 cm
- Acrylfarbe in Weiß
- Chiffonband in Weiß, 3 mm breit, 10 m lang
- 6 Wackelaugen, ø 8 mm
- 3 Chenilledrähte in Schwarz, 50 cm lang
- 4 Tonpapierstreifen in Schwarz, 1,3 cm breit, 30 cm lang

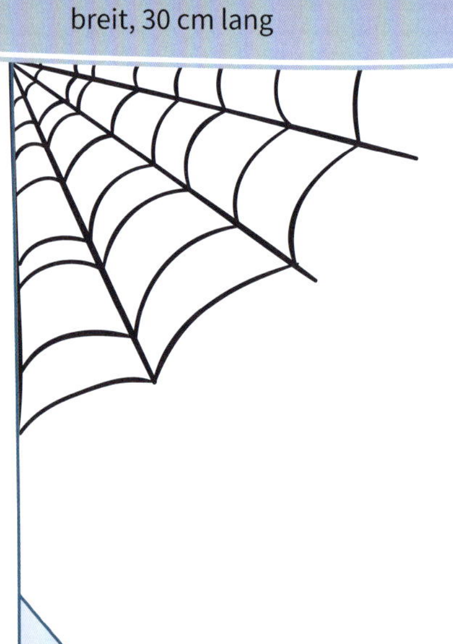

MONSTER-ÜBERRASCHUNG

1 Den Tapetenkleister nach Herstellerangaben vorbereiten. Zeichne das Maul des Monsters auf den Pappkarton auf und schneide es mit einem Cutter aus. Lass dir dabei von einem Erwachsenen helfen!

2 Das Geschenkpapier in ca. 10 cm x 10 cm große Stücke schneiden und den Pappkarton mit dem Geschenkpapier bekleben. Trocknen lassen.

3 Schneide aus den verschiedenfarbigen Fotokartonresten die Nase und die Hörner bzw. die Ohren, die Zähne und die Zunge aus. Verziere alle Teile wie abgebildet mit Buntstiften und klebe sie auf den Pappkarton auf.

4 Den Bast in 15 cm lange Stücke schneiden und mittig zu einem Haarbüschel zusammenbinden. Die Haare mit Heißkleber an der Stirn des Monsters befestigen. Zum Schluss noch die Wackelaugen aufkleben.

DAS BRAUCHST DU

- Pappkarton, ca. 35 cm x 24 cm x 24 cm
- Tapetenkleister
- Geschenkpapier mit Punkten
- Fotokartonreste in Orange, Pink und Weiß oder Gelb, Orange, Weiß, Dunkelbraun und Grasgrün
- Bast in Lila oder Hellgrün, 3 m lang
- 2 Wackelaugen, ø 4 cm
- Heißkleber
- Cutter mit Schneidunterlage

Tipp

Du kannst deine Fühlboxen mit ganz unterschiedlichen „gruseligen" Dingen füllen: kalten Spaghetti, Götterspeise, Styroporkügelchen, Plüsch, Alufolie, Gummiwürmern u. Ä. Man darf beim Hineingreifen natürlich nicht sehen, was sich in der Box befindet.

ULKIGE SOCKTOPUSSE

Wer ist der beste Angler?

1 Zuerst steckst du einen Magneten in die Fußspitze eines Babysockens. Danach füllst du die Spitze mit einer Handvoll Füllwatte auf, sodass ein runder Kopf entsteht. Mit dem Satinband bindest du den Socken einmal unterhalb des Kopfes ab.

2 Ein Socktopus ohne Tentakel? Mit einer Schere schneidest du vom Bündchen des Sockens einmal bis kurz vor den „Hals". Schneide dem Socktopus im Abstand von ca. 1 cm viele weitere Fangarme.

3 Damit er fröhlich gucken kann, braucht der Socktopus jetzt noch Augen und einen Mund aus Filzresten. Du kannst diese nach Lust und Laune ausschneiden oder die Vorlage benutzen. Klebe alles auf. Für die Angel bindest du an einen Rundstab ein ca. 30 cm langes Stück Schnur. Das Ende klebst du in einen Kronkorken. Bastle aus einem Schuhkarton ein kleines Aquarium und fertige auch für deine Freunde Angeln an. Jetzt kann das Spiel beginnen.

WALDABENTEURER

DAS BRAUCHST DU

- Bastelfilzreste in Orange, Türkis, Rot, Gelb, Grau, Schwarz und Weiß

Vorlage Seite 100

1 Übertrage die Figuren jeweils zweimal von der Vorlage auf den passenden Filz – den Fuchs auf Rot, die Eule auf Blau und den Waschbär auf Grau. Schneide alles aus. Jetzt kannst du auch die anderen Teile der Vorlage übertragen und ausschneiden.

2 Streiche jeweils den Rand einer Figur mit Klebstoff ein und drücke das passende Gegenstück darauf auf. Vorsicht! An den unteren Rand der Figuren kommt kein Klebstoff, das wird nämlich die Öffnung für deine Finger.

3 Als Nächstes klebst du die Gesichter von Eule, Waschbär und Fuchs auf. Zum Schluss die Masken.

4 Mit einem schwarzen Filzstift malst du Punkte in die Augenlöcher der Masken und bei Waschbär und Fuchs in die Schnauzen. Die Eule bekommt kleine Halbkreise auf den Bauch, so werden die Federn angedeutet.

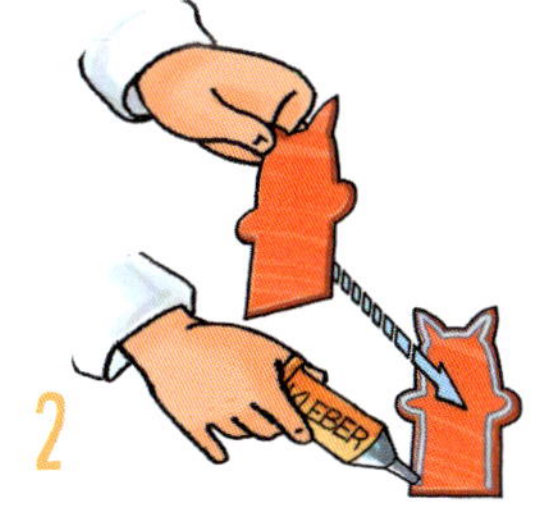

IM FUSSBALLFIEBER

DAS BRAUCHST DU

- Weinkorken (pro Fußballspieler)
- Wattekugel, ø 3 cm (pro Fußballspieler)
- Acrylfarbe in Hautfarbe und je nach Fußballverein
- Wollreste in Braun, Gelb und Schwarz, mittlere Stärke (für die Haare)
- Schaschlikstäbchen
- Styropor®kugel, ø 4 cm
- Styropor®fläche
- Fotokarton in Hellgrün, 50 cm x 70 cm
- Fotokarton in Weiß, A4

Vorlage Seite 100

1 Stecke die Korken und die Wattekugeln jeweils auf ein halbes Schaschlikstäbchen. Grundiere sie dann je nach Vereinsfarben zuerst mit der hellsten Farbe. Die Farbe trocknen lassen. Mit der dunkleren Farbe dann Hemd oder Hose bzw. Strümpfe aufmalen. Auf der trockenen Rückseite mit Zahlen aufmalen. Die Köpfe hautfarben gestalten. Die Schaschlikstäbchen zum Trocknen in ein Stück Styropor® spießen.

2 Wickle für die Haare Wolle vier- bis fünfmal über zwei leicht gespreizte Finger. Die Wolle abnehmen und mit einem kurzen Wollstück gleicher Farbe in der Mitte abbinden und verknoten. Die Schlaufen aufschneiden und auf beiden Seiten gleich lang abschneiden.

3 Gib auf den Kopf einen runden Klecks Klebstoff, klebe die Haare auf und frisiere sie. Den Mund mit rotem, die Augen mit braunem, blauem oder grünem Filzstift aufzeichnen. Für den Hals jeweils ein 2–3 cm langes Stück Schaschlikstäbchen an beiden Seiten anspitzen. Bohre vorsichtig mit einer spitzen Schere ein Loch in den Korken und stecke den Kopf auf.

↑ Für das Fußballfeld die Linien mit weißem Buntstift wie abgebildet auf hellgrünen Fotokarton aufzeichnen. Die Tore von der Vorlage auf weißen Fotokarton übertragen, ausschneiden, falzen und aufstellen oder aufkleben. Mit schwarzem wasserfestem Filzstift Punkte auf den Fußball aufmalen.

FRECHE KUSCHEL-MONSTER

1 Falte das Filzstück in der Mitte und stecke die beiden Lagen mit vier Stecknadeln zusammen. Übertrage die Vorlage für dein Monster mit einem Filzstift auf den Filz. Schneide beide Filzlagen aus. Lass die Stecknadeln dabei im Filz stecken.

2 Bei einem Monster nimmst du jetzt die beiden Filzteile auseinander und stickst mit gelbem Garn ein Kreuz als Auge auf ein Filzteil auf. Danach legst du die beiden Filzteile wieder aufeinander und steckst sie erneut fest.

3 Schneide Augen und Zähne aus dem weißen und schwarzen Filz aus und klebe sie auf. Male den Mund mit dem Stoffmalstift auf.

4 Jetzt kannst du dein Monster fertig nähen. Fädle das Garn in die Nadel und mache einen Knoten in ein Fadenende. Beginne rechts unten in der Ecke. Nähe dicht am Rand entlang bis zur linken unteren Ecke. Der untere Rand des Monsters bleibt erst einmal offen.

5 Fülle das Monster mit Watte aus. Dafür stopfst du zuerst etwas Watte in die Ohren oder Fühler. Danach füllst du den Körper aus. Zum Schluss nähst du den unteren Rand deines Monsters zu. Fertig!

ACHTUNG, KINDERTROMMEL

DAS BRAUCHST DU

- Blechdose, ø 20 cm
- Acrylfarbe in Gelb, Rot, Grün, Braun und Weiß
- Glitzerfarbe, irisierend
- Wattestäbchen
- Fotokartonstreifen in Weiß, hier 65 cm x 6,6 cm
- Filzstift in Rot und Hellgrün
- Satinband in Rot mit Punkten, 18 mm breit, 90 cm lang
- 2 Rundholzstäbe, 6 mm stark, 28 cm lang
- 2 Wattekugeln in Weiß, ø 4 cm
- Heißkleber

Vorlage Seite 109

1 Grundiere den Deckel der Blechdose zunächst mit weißer Farbe. Wenn die Farbe trocken ist, bekomm der Deckel einen Anstrich in Gelb.

2 Übertrage den Apfel von der Vorlage und male ihn sorgfältig mit Acrylfarben aus. Sobald die Farbe trocken ist, übermalst du den Apfel vorsichtig mit Glitzerfarbe. Am Trommelrand tupfst du weiße Punkte auf. Das geht prima mit einem Wattestäbchen.

3 Schneide den Fotokartonstreifen zu und zeichne die Dreiecke ein. Bemale den Papierstreifen in Grün und Rot. Klebe die Enden des Satinbandes an der Dose fest, damit du die Trommel später umhängen kannst. Fixiere den Papierstreifen am Rand der Blechdose.

4 Bemale die Trommelstöcke und lass sie dann trocknen. Einer wird grün, der andere rot.

5 Bohre mit einer spitzen Schere Löcher in die Wattekugeln und klebe sie mit Heißkleber an den Hölzern fest.

HANDWERKER-WAGEN

zum Beladen und Ziehen

- Eierkarton für 10 Eier mit hohen Zapfen
- 4 Schälchen einer Eierpalette, 1,5 cm hoch (für die Mützen)
- 4 Wattekugeln, ø 3 cm
- Acrylfarbe in Orange, Blau, Hautfarbe und Schwarz
- Strukturschnee
- Acryllack in Dunkelbraun und Schwarz
- 6 Holzperlen in Natur, ø 8 mm
- 8 Holzperlen in Natur, ø 6 mm
- Chenilledraht in Blau, 8 cm x 4 cm lang
- 4 Zahnstocher
- Fotokartonreste in Weiß und Blau
- Kordel in Blau, ø 2 mm
- 2 Schaschlikstäbchen
- 4 Holzperlen in Natur, ø 1,4 cm
- 4 Holzperlen in Natur, ø 2 cm
- Band in Rot-Weiß und in Grün-Weiß kariert, 6 mm breit, je 2 cm x 13 cm lang
- Bürolocher

Vorlage Seite 109

1 Bereite zunächst einige Teile vor: Die Augen stanzt du mit einem Bürolocher aus Fotokarton aus und malst Pupille und Iris auf. Für die Haare den Strukturschnee mit einem Pinsel auftragen. Nach dem Trocknen mit Acryllack bemalen. Die Schilder für die Mützen schneidest du aus einem Eierkartondeckel aus und klebst sie an die Mützen.

2 Bohre für die Figuren jeweils ein Loch in die Spitzen der Zapfen und stecke einen Zahnstocher als Hals ein. An der Unterseite zusammen mit einer Holzperle (ø 8 mm) festkleben. Den Kopf auf den Zahnstocher kleben, die Mütze fixieren und das Band als Halstuch umbinden. Die Arme befestigen und jeweils Perlen (ø 6 mm) als Hände aufstecken. Halbiere für die Nase die Holzperle mit einem Messer und klebe sie auf das Gesicht auf.

3 Für die Räder in die Deckelmitte mit einer heißen Stopfnadel ein Loch schmelzen. Achtung: Das ist eine Arbeit für Erwachsene! Je einen Fotokartonkreis aufkleben.

4 Die Holzperlen (ø 1,4 cm und ø 2 cm) und die Schaschlikstäbchen schwarz anmalen. Für die Radachse eine große Holzperle an einem Ende des Schaschlikstäbchens festkleben. Stecke das Rad darauf auf und klebe dann eine kleine Holzperle auf. Ebenso das andere Ende bestücken. Achtung: Die Räder müssen genügend Spielraum zum Drehen haben.

5 Befestige die Radachse zwischen je zwei Eierbehältern an der Unterseite des Wagens. Am vorderen Ende des Wagens in die Mitte des Eierkartons ein Loch stanzen. Die Kordel durch das Loch ziehen.

HILFE, AUSSERIRDISCHE!

Käpt'n Plastik im Anmarsch

1 Für die Außerirdischen bemalst du die Druckverschlüsse mit Acrylfarbe. Dann schneidest du 20 cm lange Chenilledrahtstücke zurecht. Stecke die Enden vom Draht in jeweils eine Styropor®kugel.

2 Jetzt kannst du Wackelaugen auf die Styropor®kugeln aufkleben. Knicke dann den Chenilledraht zur Hälfte und klebe ihn in den Druckverschluss. Fertig sind die Außerirdischen.

3 Natürlich brauchen sie noch ein Ufo. Dafür klebst du zwei Pappteller mit den Innenseiten zusammen. Darauf kannst du dann einen hübschen Turm aus Plastikmüll (Schüsseln, Joghurtbecher, Plastikeier, Verschlüsse) kleben. Je nachdem, was du zur Hand hast.

4 Bemale dein Ufo und lass es gut trocknen. Auch die Kronkorken kannst du bemalen und dann rund um das Ufo kleben.

DAS BRAUCHST DU

- 2 Pappteller
- Plastikmüll, z. B. Schüsseln, Plastikeier, Schraubverschlüsse
- 6 Kronkorken
- Acrylfarbe in Dunkelblau, Hellblau und Pink
- Druckverschlüsse von Spülmittelflaschen
- Wackelaugen, ø 12 mm
- Styropor®kugeln, ø 15 mm
- Chenilledraht in Hellgrün

ABENTEUERLICHES WÜRFELSPIEL

Sturm auf die Burg

SPIEL

1 Den Spielplan kopierst du auf das Format A3, schneidest ihn zurecht und klebst ihn dann zur Stabilisierung auf den Fotokarton. Dann kannst du ihn wie abgebildet oder nach deinen eigenen Vorstellungen bemalen.

2 Für die Spielfiguren halbierst du die beiden Korken und malst sie an. Klebe ein aus Tonpapier ausgeschnittenes Fähnchen an einen Zahnstocher an und stecke den Zahnstocher in den halbierten Korken.

SPIELREGELN
(FÜR 2 BIS 4 SPIELER)

Stelle die Spielfiguren auf den roten, grünen, blauen oder schwarzen Punkt. Wer zuerst eine sechs würfelt, stellt seine Spielfigur auf A und würfelt noch einmal, damit A wieder frei wird. Nun muss der Fluss überquert werden. Wer direkt auf die Brücke B kommt, darf nochmals würfeln. Bei C ist eine Lagerstelle. Nachdem du gut gegessen und getrunken hast (eine Runde aussetzen), geht es schnell weiter. Rücke drei Felder vor. Gefährlich wird es bei D. Hier kommt es zum Kampf mit dem Drachen. Du wirst verwundet und musst zurück auf den Ausgangspunkt A. Bei der nächsten Lagerstelle E ruhst du dich aus (eine Runde aussetzen), dann darfst du wieder drei Felder vorrücken. Bei F wirst du von Räubern überfallen, aber du kannst sie in die Flucht schlagen. Das kostet Zeit und du musst eine Runde mit dem Würfeln aussetzen. Gewonnen hat der Ritter, der zuerst genau auf G kommt.

SCHAURIGE FÜSSE

1 Zuerst malst du die Kosmetiktücher-Boxen mit blauer Acrylfarbe an. Wahrscheinlich brauchen sie einen zweiten Anstrich, damit die Farbe richtig deckt.

2 Aus den Schwämmen schneidest du ca. 7 cm lange Dreiecke aus. Schneide so viel von der weichen Schwammseite ab, dass die Dreiecke ungefähr gleich viel von der rauen und der weichen Schwammseite haben. Die Dreiecke werden vorne an die Boxen angeklebt.

3 Jetzt kannst du noch die übrig gebliebenen weichen Schwammteile in kleine Schnipsel schneiden und auf die Box aufkleben.

Tipp

Falls du leicht aus deinen Monsterfüßen herausrutschst, kannst du mit Kreppklebeband die Öffnungen verkleinern. Die Monsterfüße halten dann besser. Vorsicht: Die Monsterfüße sind aus Pappe. Allzu wild solltest du nicht damit herumtoben, sonst gehen sie kaputt.

Tipp
Um deinen Roboter „in Betrieb" nehmen zu können, verwandelst du ihn
in eine Marionette. Dazu brauchst du
drei Rundstäbe und Nylonfäden, die
am Kopf, an den Armen und an den
Beinen des Roboters befestigt werden.
Und los geht's, lasse deinen Roboter
laufen und tanzen!

KLAPPERNDER ROBOTER

im Anmarsch

- leere Konservendose, 9 cm hoch, 8 cm breit, mit Deckel
- leere Konservendose, 12 cm hoch, 10 cm breit
- 2 leere Konservendosen, 9,5 cm hoch, 5,5 cm breit
- 2 leere Konservendosen, 5 cm hoch, 8,5 cm breit
- 10 Ringschrauben, 2 cm lang
- 7 Spaltringe, ø 7 mm
- Glitzerpapier in Silber, A4
- Glitzerpapierreste in Pink, Hellgrün, Türkis und Lila
- Papierdraht in Blau, 2 mm stark, 12 cm lang
- Nylonschnur, 1 mm stark, 3 m lang
- 7 Weinkorken
- Filzschnur in Weiß, 75 cm lang
- 2 Filzschnüre in Hellgrün, 75 cm lang
- wasserfeste Filzstifte in Schwarz und Weiß
- Heißkleber

Vorlage Seite 101

1 Schneide aus dem Glitzerpapier alle Teile aus, die du zum Verzieren des Roboters brauchst: eine Nase in Pink, verschiedene Sterne in Silber, Lila und Türkis und Glitzerstreifen für die Arme. Klebe alle Teile auf die Dosen auf. Male mit dem wasserfesten schwarzen Filzstift die Augen und den Mund auf die Dose, die der Kopf des Roboters wird.

2 Bitte einen Erwachsenen darum, die Dosen mittig zu durchbohren. Bei der Dose für den Bauch wird außerdem die Dosenwand oben links und rechts durchbohrt. Hier werden später die Arme befestigt. Halte im Innern der Dose einen Korken an jedes Bohrloch und schraube von außen jeweils eine Ringschraube in den Korken.

3 Nun musst du alle Dosen miteinander verbinden. Das ist ein wenig knifflig, deshalb sollte dir ein Erwachsener dabei helfen! Zunächst müsst ihr an jedem Arm drei Spaltringe in einer Reihe befestigen. Den letzten Ring verbindest du jeweils mit der Ringschraube an der Seite des Bauches. An die Ringschraube oben am Bauch steckst du nur einen Spaltring. Daran wird anschließend der Kopf befestigt. Bitte einen Erwachsenen darum, diesen mit Heißkleber zu fixieren.

4 Aus den drei Filzschnüren kannst du die Schnur für die Beine flechten. Verknote die Enden der Schnur und knicke die Schnur in der Mitte. Binde die Schnur mit dem kurzen Fadenstück an eine weitere Ringschraube an. Schraube diese Ringschraube am Korken auf der Innenseite der Dose für den Bauch fest. Die Beine fixierst du mit Heißkleber an den Ringschrauben der Dosen für die Füße.

5 Wenn du möchtest, kannst du am Kopf des Roboters noch eine Antenne aus Papierdraht und Glitzerfolie anbringen. Außerdem fehlt noch eine Aufhängung aus Nylonschnur an der oberen Ringschraube.

DER TRAKTOR KOMMT

1 Übertrage zunächst alle Vorlagen. Schneide für den Traktor die Räder aus Pappkarton aus. Für alle anderen Teile des Traktors nimmst du Fotokarton. Bemale die Räder von beiden Seiten mit Acrylfarbe. Zeichne die Türen auf beide Seiten des Traktors auf – die Türschablone hilft dir dabei. Klebe die Fenster auf.

2 Klebe Teil I (siehe Vorlage) zwischen die Seiten des Traktors. Dann klebst du Teil II ein. Klebe die Windschutzscheibe auf. Die Räder bekommen Felgen aus Fotokarton. Jetzt kannst du noch die Felgen aus Fotokarton auf die Räder kleben und die Anhängerkupplung befestigen.

3 Schneide für den Anhänger die Räder aus Pappkarton aus und male sie mit Acrylfarbe schwarz an. Nach dem Trocknen klebst du die Radkappen auf die Räder.

4 Nun schneidest du den Anhänger aus Fotokarton aus und schneidest ihn an den gestrichelten Linien ein. Knicke den Fotokarton entlang der Falzlinien und klebe ihn an den Klebelaschen zusammen. Lass alles gut trocknen und befestige dann die Räder und die Anhängerkupplung. Mit der Musterklammer kannst du nun den Anhänger am Traktor befestigen.

Tipp

Du kannst für den Traktor auch einfach zwei Schachteln zusammenkleben – das geht leichter.

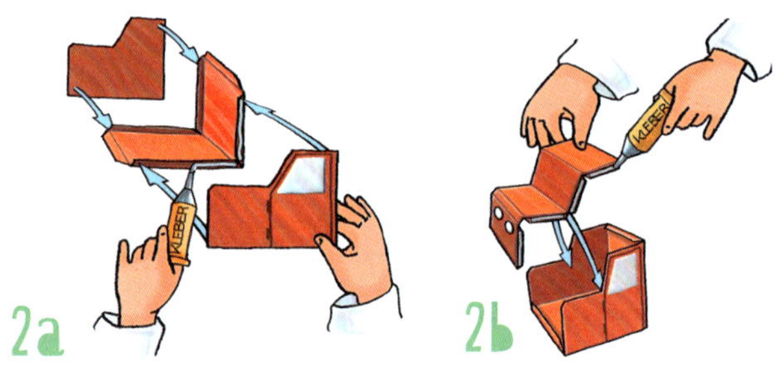

SPACIGES LASERSCHWERT

macht jeden Widersacher neidisch

- Schmuckpapier in Blau irisierend, 30,5 cm x 11 cm und Kreis, ø 5 cm
- Wellpappe, 16,5 cm x 15 cm
- Tonpapierstreifen in Türkis und Cremeweiß, 1 m x 3 cm
- Kreppapierrest in Blau
- Pappröhre, ø 3 cm, 30,5 cm lang (z. B. von Alufolie)
- Pappröhre, ø 5 cm, 15 cm lang
- 10 Stern-Brads in Gelb, ø 4 mm
- 10 Stern-Brads in Gelb, ø 8 mm
- Motivklammer mit Raketenmotiv, ø 3 cm
- Papierdraht, 2x 12 cm lang
- Kordel in Violett, 12 cm lang
- Styropor®kugel, ø 6 cm
- Lederrest, 17 cm x 3 cm

1 Für ein wahrhaft spektakuläres Laserschwert schneidest du Zacken in den Rand des 5 cm großen Kreises aus irisierendem Papier. Klebe den Kreis an ein Ende der 3 cm dicken Papprolle. Umwickle die ganze Papprolle mit dem irisierenden Papier.

2 Danach eine Styropor®kugel mithilfe eines Teelöffels in der Größe der Papprolle aushöhlen. Umwickle die Styropor®kugel mit blauem Krepppapier und klebe das Krepppapier fest. Klebe die Kugel mit stark haftendem Klebstoff auf die Röhre.

3 Verziere die Papprolle am Ansatz zur Styropor®kugel mit Papierdraht in Silber und einer violetten Kordel von jeweils 12 cm Länge. Bringe auf der ummantelten Styropor®kugel die 20 Brads und die Motivklammer an.

4 Fertige nun den Griff an: Dazu die 5 cm dicke Papprolle mit der Wellpappe ummanteln. Den Griff ebenfalls mit starkem Klebstoff am unteren Ende der blauen Styropor®kugel befestigen. Den Klebstoff trocknen lassen. Den Lederrest wie abgebildet am Griff befestigen.

5 Falte für den Halter eine Hexentreppe (siehe dazu auch Seite 7) aus dem türkisfarbenen und dem cremeweißen Tonpapierstreifen. Die Enden der Hexentreppe miteinander verkleben, sodass ein Ring daraus wird. Stülpe den Ring über den Griff. Schon ist das intergalaktische Laserschwert fertig!

FLOTTE FLITZER

1 Für die Räder die Wellpappe sehr straff zu einer Rolle aufwickeln, sodass die Wellen innen liegen. Dabei immer wieder reichlich Klebstoff auftragen und auch das Ende der Wellpappe gut festkleben. Die entstandene Rolle teilst du in vier jeweils 4 cm breite Abschnitte auf. Ein Abschnitt bleibt dabei übrig. Mit einem Messer die vier Räder abschneiden und schwarz anmalen.

2 Die Schablone für den Rumpf anfertigen, auf den Styropor®block legen und den Umriss mit Filzstift nachziehen. Den Rennwagen mit den Kerben an der Unterseite ausschneiden. Male den Rennwagen und die Holzkugel wie auf dem Foto zu sehen an. Den kurzen Rundholzstab ca. 2 cm tief ins Cockpit drücken und die Holzkugel darauf aufstecken.

3 Die Räder klebst du auf die Enden der beiden langen Rundholzstäbe. Die Rundholzstäbe in die Kerben an der Unterseite des Rennwagens legen. Zwei rote bzw. silberfarbene Kartonstreifen darüberlegen und mit Klebstoff befestigen.

4 Verwende für beide Spoiler dieselbe Vorlage und klappe die Seiten an den gestrichelten Linien nach oben. Den silberfarbenen Spoiler verzierst du zusätzlich mit einem schmalen roten Fotokartonstreifen. Einen Kartonstreifen (3 cm x 18 cm) nach 7 cm und nach weiteren 4 cm falten. Den hinteren Spoiler auf diesen Bügel kleben. Beide Spoiler nun mit Klebstoff am Auto befestigen (siehe Zeichnung 4). Die Nummernplaketten anfertigen, aufkleben und das Rennen kann starten!

DAS BRAUCHST DU

Pro Fahrzeug

- Styropor®platte, 4 cm stark, 30 cm x 10 cm
- Verpackungswellpappe, 20 cm x 100 cm
- halbgebohrte oder durchgebohrte Rohholzkugel, ø 4 cm
- Rundholzstab, ø 5 mm, 2 cm x 15 cm und 1 cm x 5 cm lang
- Acrylfarbe in Schwarz und Rot oder Silber
- Fotokartonreste in Rot und Weiß
- evtl. Alukartonrest in Silber

Vorlage Seite 106

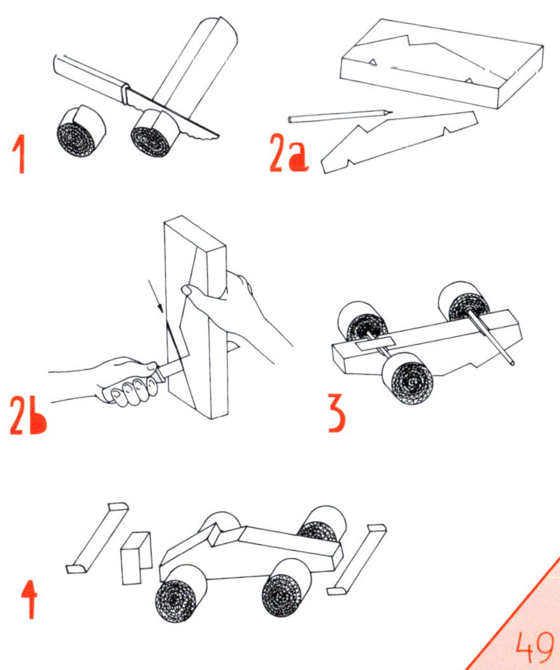

FLUGZEUGE

in den Startlöchern

1 Übertrage den Rumpf des Flugzeuges, die beiden Seitenflügel und die beiden Steuer auf den weißen Fotokarton und schneide alles aus. Übertrage für das untere Flugzeug den unteren Teil des Rumpfes zweimal auf hellblaues Tonpapier, schneide ihn aus und klebe ihn auf.

2 Das Ruder doppelt nach eigenen farblichen Wünschen aus Tonpapier ausschneiden, aufkleben und mit Tonpapierresten verzieren. Übertrage dann noch die Fenster auf beiden Seiten und male sie mit blauem Filzstift aus.

3 Jetzt musst du nur noch die Flügel und die Ruder am Bug fest umfalzen und links und rechts am Rumpf fixieren.

Tipp

Die einzelnen Flugzeuge kannst du ganz individuell oder nach verschiedenen Fluggesellschaften gestalten. Die Vorlagen können dafür auch kleiner oder größer kopiert werden. So kannst du dir einen richtigen Flughafen basteln.

DAS BRAUCHST DU

- Fotokarton in Weiß, A4
- Tonpapier in Hellblau, A4
- Tonpapierreste in Rot, Hellblau, Dunkelblau und Gelb
- Filzstift in Dunkelblau

Vorlage Seite 98

BIMMEL-BAHN

für kleine Lokomotivführer

- dünner Bastelfilz in Orange, Hellgrün, Hellblau und Grau sowie 2x in Dunkelblau, A4
- Textilfilz in Schwarz, A3, 4 mm stark
- 16 Watteeier, 4,2 cm x 6 cm
- 21 Toilettenpapierrollen
- Papierkordel in Schwarz, 3 m lang
- Acrylfarbe in Rot und Schwarz

Vorlage Seite 103

1 Male acht Klopapierrollen schwarz an und lass sie gut trocknen. Male die 16 Watteeier zur Hälfte mit roter Farbe an. Wenn alles getrocknet ist, die Kordel zur Hälfte falten und von hinten nach vorne durch die Papierrollen fädeln (siehe Vorlage). Stecke anschließend die Eier als Räder in die Öffnungen.

2 Zeichne zwei Rechtecke (18 cm x 10 cm für den Waggonboden und 20 cm x 12 cm für das Waggondach) auf den schwarzen Filz auf. Schneide die Rechtecke aus und befestige den Waggonboden mit doppelseitigem Klebeband auf den Rädern.

3 Für den Schornstein eine Klopapierrolle mit hellgrünem Filz beziehen. Zerknülle für den Rauch einen grauen Filzrest und stecke diesen in die Schornsteinöffnung. Klebe dann den Schornstein auf der schwarzen Bodenplatte fest.

4 Für den Maschinenraum der Lok klebst du vier Klopapierrollen mit doppelseitigem Klebeband zusammen und verpackst sie anschließend wie ein Päckchen mit orangefarbenem Bastelfilz. Dann den Maschinenraum hinter dem Schornstein festkleben.

5 Für den Waggon schnürst du acht Klopapierrollen mit Klebeband zu einem Paket. Verbinde die beiden dunkelblauen Bastelfilzbögen mit doppelseitigem Klebeband. Nun den Waggon mit den beiden Filzstücken ummanteln.

6 Klebe das letzte schwarze Filzstück als Dach auf den Waggon. Für die Fenster vier Rechtecke (5 cm x 3,5 cm) aus hellblauem Filz und für den Maschinenraum hellgrüne Streifen (8 cm x 2 cm) ausschneiden. Befestige diese ebenfalls mit doppelseitigem Klebeband.

DAS BRAUCHST DU

- Sperrholzplatte, 6 mm stark, 23 cm x 14,5 cm oder 24 cm x 12 cm
- 5 bzw. 6 Vierkantleisten, 8 mm x 8 mm, mindestens 25 cm lang
- Acrylfarbe in Rot und Grün
- Filzstifte oder Lackmalstifte in Schwarz, Gelb, Rot und/oder Weiß
- Glasmurmeln, Holzkugeln oder -perlen, ø 1 cm
- Säge
- Schleifpapier

Vorlage Seite 107

1 Die Sperrholzplatte lässt du dir am besten im Baumarkt oder von einem Erwachsenen zurechtsägen, damit die Kanten schön gerade werden. Säge die Holzleisten auf die richtige Länge. Die Sägekanten der Sperrholzplatte und der Holzleisten müssen noch mit Schleifpapier geglättet werden. Lege die Holzleisten dann wie abgebildet auf die Sperrholzplatte. Wenn du magst, kannst du natürlich auch dein eigenes Labyrinth gestalten.

2 Dann kannst du die Sperrholzplatte und die Holzleisten mit dem Schwämmchen oder dem Pinsel anmalen. Wenn alles gut getrocknet ist, werden zuerst die äußersten Leisten mit Holzleim angeleimt.

3 Wenn der Leim angetrocknet ist, legst du die restlichen Teile des Labyrinths auf. Damit du nicht den Überblick verlierst, nimmst du immer nur ein Teil ab, trägst auf die Unterseite Leim auf und drückst es an der Stelle, an der du es abgenommen hast, fest an. So werden alle Teile einzeln abgenommen, mit Leim bestrichen und angedrückt.

4 Wenn alle Teile angeleimt sind und der Leim trocken ist, kannst du noch mit dem Filz- oder Lackstift Verzierungen und Muster aufmalen. Nun kannst du mit kleinen Glasmurmeln oder Holzperlen deine Geschicklichkeit trainieren.

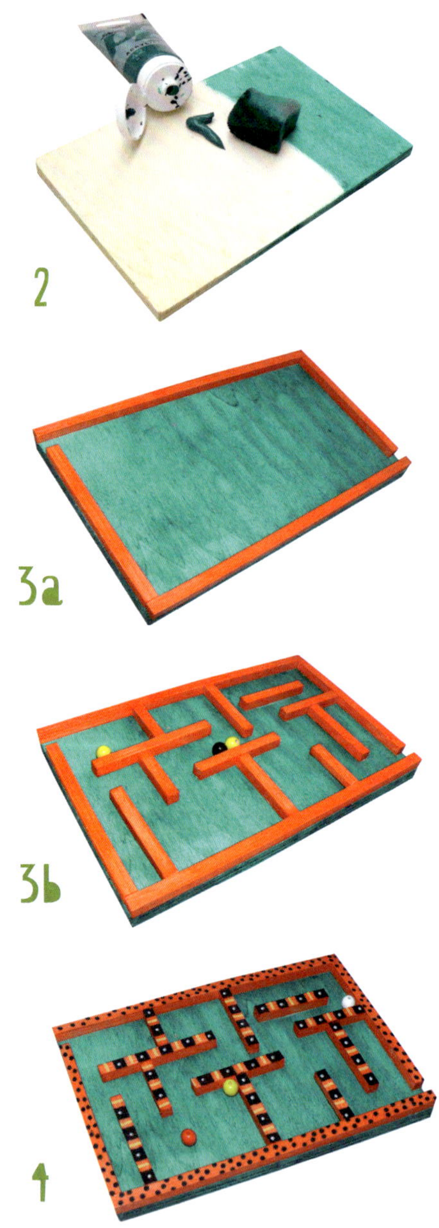

2

3a

3b

4

MAGISCHES
LABYRINTH
Wer gewinnt?

COOLES KATAPULT

1 Fertige von den beiden Teilen Schablonen an und stanze beim Seitenteil das Loch mit der Lochzange aus. Lege die Schablonen auf das Sperrholz. Lege dabei die Schablone vom Seitenteil direkt an den Rand der Sperrholzplatte an und fahre den Umriss der Schablone mit Bleistift nach. So erhältst du einen geraden Rand, der später mit Leim eingestrichen und dann auf die Bodenplatte geleimt wird. Auch das zweite Seitenteil braucht so eine gerade Seite. Anschließend ist die Bodenplatte an der Reihe. Wenn bei ihr die Ränder nicht so gerade sind, ist das nicht so schlimm.

2 Nun die Löcher bohren. Am besten bittest du einen Erwachsenen darum, dir die beiden Löcher zu bohren. Dann glättest du die Ränder der ausgesägten Teile mit Schleifpapier.

3 Bestreiche die glatte Seite einer Seitenwand mit Leim, drücke sie auf die Bodenplatte und spanne sie mit zwei Schraubzwingen fest (siehe Skizze), bis der Leim nach zehn Minuten trocken ist. Das durchbohrte Ende des Seitenteils ist bündig mit der Bodenplatte. Später wird das andere Seitenteil ebenso angeleimt.

4 Dann bemalst du den Katapult gleichmäßig mit dem Schwamm. Ziehe die Gummilitze durch die beiden Bohrlöcher, binde die Enden der Gummilitze zusammen und ziehe den Knoten nach unten auf die Katapultunterseite. Wenn du die Gummilitze in der Katapultrinne leicht nach hinten dehnst und dann loslässt, sollte die ungespannte Litze nicht weiter nach hinten reichen als die beiden Seitenwände. Jetzt ist das Katapult fertig.

5 Als Munition dienen Flaschenkorken, die du ebenfalls bemalen kannst. Und dann schießt du auf Pappröhren aus Toiletten- oder Küchenpapierrollen. Diese Papprollen kannst du entweder bemalen oder mit buntem Tonpapier umkleben. Du kannst auch noch eine Zahl auf jeden Turm schreiben oder einfach sagen, der rote Turm ist 20 Punkte wert und der blaue zehn usw. Viel Spaß!

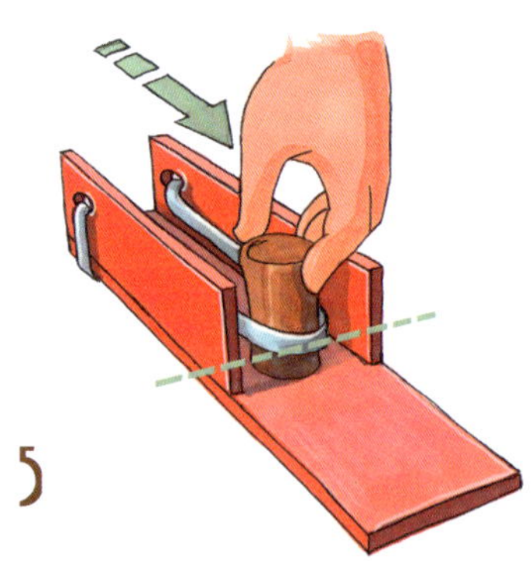

DAS BRAUCHST DU

- Sperrholz, 6 mm stark, 20 cm x 4,5 cm (für die Bodenplatte) und 2x 11 cm x 3,5 cm (für die Seitenwände)
- Flaschenkorken (als Munition)
- Gummilitze, 5 mm breit, 30 cm lang
- Acrylfarben nach Wunsch
- 2 Schraubzwingen
- Schleifpapier, 220er Körnung
- Schwamm
- Holzbohrer, ø 5 mm
- Lochzange

BURGFESTUNG MIT GRUSELFAKTOR

1 Miss die Höhe und den Umfang deiner Pappröhren aus. Schneide die Tonpapierstücke auf die richtige Größe zu und bemale sie mit Buntstiften mit einem Ziegelsteinmuster. Um die Böden der Pappröhren zu schließen, klebe jeweils eine passende Fotokartonscheibe auf das eine Ende der Pappröhre.

2 Schneide nun lange, ca. 1,5 cm breite Streifen aus Wellpappe zu und klebe sie als Abstandshalter um die oberen Ränder der Pappröhren. Schneide dann die Zinnen aus, die du auf die Wellpapperänder deiner Türme klebst. Zum Trocknen kannst du die Zinnen mit Gummiringen fixieren.

3 Schneide für das Dach das Papierdreieck aus und rolle es um einen Bleistift herum auf, um eine Spitztüte zu formen. Die Wimpel bestreichst du an einer Seite mit Klebstoff und rollst sie um ein Schaschlikstäbchen herum auf. Klebe abschließend alle Teile, auch die Fenster und die Augen, an den Türmen fest und klebe die Türme zu einer Burg zusammen.

DAS BRAUCHST DU

- verschiedene Pappröhren
- Tonpapier in Grautönen und nach Wunsch
- Wellpappe
- Fotokarton
- Schaschlikstäbchen
- Gummiringe

Vorlage Seite 101

RITTER RASPUTIN

und sein Zuhause

1 Schneide alle Teile der Vorlage nach aus. Klebe für das Tor zuerst die grünen Streifen auf das blaue Tonpapier auf, dann das braune Tonpapier. Für die Fahne das grüne Tonpapier auf die blaue Fahne aufkleben. Die Fahnenstange mit der Fahne von hinten an die Burg ankleben. Die Turmspitzen, die Fenster und das Tor von vorne auf die Burg aufkleben.

2 Klebe die Burg auf die Grasfläche und ergänze die Steine und die Fledermaus von vorne und die beiden Wolken von hinten. Die Wolken mit blauem Buntstift gestalten. Alle Innenlinien aufmalen. Den Schnabel der Eule aufkleben. Hänge den Mond und die Eule unter die Wolken. Die Lanze zusammensetzen und mit einem schwarzen Kugelschreiber die Innenlinie aufmalen.

3 Jetzt ist das Pferd dran: Klebe von hinten den Kopf, den Schweif und die beiden Beinpaare an. Die blaue Decke mit grünen Streifen bekleben. Die Mähne aufkleben und das Gesicht und die Innenlinien aufmalen. Die Hufe aufmalen. Zum Schluss rötest du die Wange mit Buntstift.

4 Beim Ritter klebst du den Kopf mit Helm, die Schuhe und das Schild von vorne auf. Beim Schild zunächst das blaue Tonpapier, dann die grünen Streifen und dann das weiße Tonpapier aufkleben. Nun noch das Schwert zusammensetzen, den Handschuh von vorne ergänzen und die Hand mit dem Schwert von vorne befestigen. Die Federn von hinten aufkleben. Das Gesicht gestalten und die restlichen Innenlinien aufmalen.

5 Jetzt musst du nur noch die Lanze, den Ritter und das Pferd unterhalb der Burg aufhängen. Das Satinband dient als Aufhängeband für das Mobile.

BONBONDOSE

1 Öffne die Konservendose mit dem Dosenöffner. Den Deckel der Dose mittig durchbohren. Am besten lässt du dir dabei von einem Erwachsenen helfen. Anschließend die größere Rohholzkugel durchgehend und die kleinere Kugel 1 cm tief bohren.

2 Säge danach eine 5 cm große Scheibe aus dem Sperrholzrest aus und durchbohre sie ebenfalls mittig. Die Scheibe unter den Deckel der Dose kleben, sodass die Bohrungen exakt übereinanderliegen. Dann kannst du die Dose und die Kugeln nach deinen Wünschen bemalen.

3 Leime die Holzkugeln auf den Rundholzstab und klebe diesen in den Deckel mit der angeklebten Holzscheibe. Die Dose und den Deckel nach Wunsch lackieren.

4 Schneide noch das Gesicht mit den Ohren und den Pfoten aus Moosgummi aus und bemale es. Alle Teile des Gesichts zusammenkleben und das Gesicht auf die Dose aufkleben.

DAS BRAUCHST DU

- geriffelte Konservendose, ø 10 cm, 11,5 cm hoch
- Moosgummirest in Weiß
- je eine Rohholzkugel, ø 3 cm und 2,5 cm
- Acrylfarbe in Weiß, Grau, Rot und Schwarz
- Rundholzstab, ø 8 mm, 5 cm lang
- Sperrholzrest, 1 cm stark
- Klarlack
- Bohrer, ø 8 mm
- Sicherheits-Dosenöffner

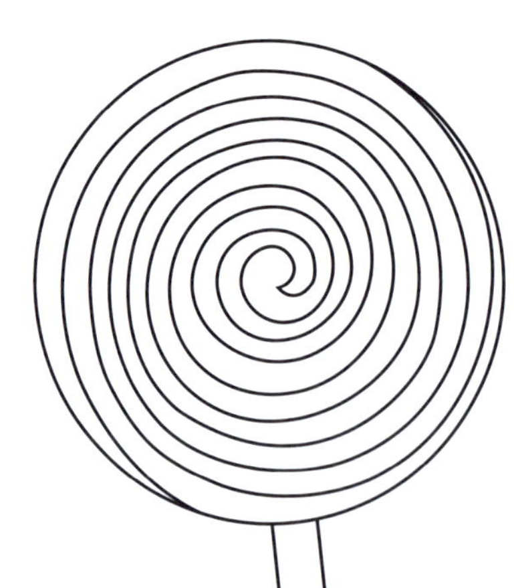

Vorlage Seite 106

TIERISCHE LESEZEICHEN

für Leseratten

LESERATTE

Schneide die Leseratte der Vorlage nach aus und male die Innenlinien auf. Danach klebst du die Pompon-Nase und die Wackelaugen auf.

LESELÖWE

Schneide wieder alle Teile nach Vorlage je einmal aus. Dann klebst du die Löwenmähne hinten, die Schnauze vorn am Kopf an. Male die Innenlinien und den Mund auf und klebe noch die Wackelaugen und den Pompon an.

BÜCHERWURM

Schneide den Wurm der Vorlage nach aus und male danach die Innenlinien und den Mund auf. Zuletzt klebst du noch die Wackelaugen auf.

Tipp

Der Löwe und die Leseratte sind nicht nur tolle Lesezeichen. Dadurch, dass sie ihre Pfoten in die Luft halten, kannst du sie im Handumdrehen auch in kleine Türschilder verwandeln. Schneide einfach für jedes Tier ein Rechteck in der passenden Größe aus Fotokarton zu. Beschrifte das Schild und klebe es so auf das Tier auf, dass es das Schild mit den Pfoten hält.

COOLE RAHMEN

DAS BRAUCHST DU

Für „Meine Familie"
- Bilderrahmen, 17 cm x 22 cm
- 240 Bügelperlen in Grasgrün
- 34 Bügelperlen in Dunkelgrün
- 27 Bügelperlen in Weiß
- 56 Softglassteine in Hellgrün, 1 cm x 1 cm
- 16 Softglassteine in Dunkelgrün, 1 cm x 1 cm
- 2 Softglassteine in Gold, 1 cm x 1 cm
- 8 rautenförmige Softglassteine in Hellgrün, 1 cm x 1 cm
- 2 Nuggets in Grün, ø 1,5 cm
- 2 Millefioristeine in Grün-Gelb-Blau, ø 2 cm
- 2 Glassterne in Hellgrün, ø 2,5 cm
- 2 Glasblumen in Dunkelgrün, ø 2,5 cm
- 2 Dekoblumen in Hellgrün, ø 2 cm
- 6 Herzenperlen in Grün mit Glitzer, ø 5 mm
- 8 Glasscherben mattiert in Grün-Gelb, 1 cm x 1,5 cm
- Buchstabenperlen, ø 5 mm (2x M, 3x E, 3x I, N, F, A, L)
- Mosaikkleber auf Wasserbasis
- Fugenmasse in Grün

MEINE FAMILIE

1 Beklebe zuerst den äußeren Rand des Bilderrahmes mit den Softglassteinen in Hell- und Dunkelgrün. Dafür streichst du mit dem Pinsel den Klebstoff auf die Stellen, die beklebt werden sollen. Klebe dann die Buchstabenperlen in einem leichten Bogen auf den oberen Teil des Bilderrahmens, sodass sie den Schriftzug „Meine Familie" ergeben.

2 Ebenfalls in einem leichten Bogen werden 27 Bügelperlen in Weiß, 31 Bügelperlen in Grasgrün und 34 in Dunkelgrün auf den unteren Teil des Bilderrahmens geklebt. Darunter klebst du dann die acht rautenförmigen Softglassteine in Hellgrün.

3 Verteile die Blumen, Sterne, Herzen, Goldstücke und Glasscherben auf dem Rahmen und klebe sie fest. Die restliche Fläche mit den übrigen Bügelperlen füllen.

4 Lasse den Mosaikbilderrahmen zwei bis drei Stunden trocknen und verfuge ihn dann mit grüner Fugenmasse (siehe dazu Seite 8).

SOMMERFERIEN

1 Beklebe den äußeren Rand des Bilderrahmens mit den Softglassteinen, abwechselnd in Hellgrün, Hellblau und Blau. Dann klebst du die Buchstabenperlen für das Wort „Sommerferien" und die freundliche Smiley-Sonne auf den oberen Teil des Bilderrahmens.

2 Auf den unteren Teil des Bilderahmens klebst du die fünf Nuggets in Orange und die Bügelperlen in Blau für das Meer; unten in Hellblau und oberhalb der Nuggets in Dunkelblau. Die restliche Fläche mit den Bügelperlen in Sonnenfarben bekleben.

3 Den Mosaikbilderrahmen zwei bis drei Stunden trocknen lassen und verfugen (siehe dazu Seite 8). Benutze hierbei gelbe Fugenmasse für den Sonnenteil und blaue Fugenmasse für den Meeresteil deines Bilderrahmens.

Für „Sommerferien"
- Bilderrahmen, 20 cm x 25 cm
- 29 Mosaiksoftglassteine in Hellblau und Hellgrün, 1 cm x 1 cm
- 25 Mosaiksoftglassteine in Blau, 1 cm x 1 cm
- 5 Nuggets in Orange, ø 1,5 cm
- Spielholzsteinchen mit Smiley in Gelb, ø 2,5 cm
- Buchstabenperlen, ø 5 mm (S, O, 2x M, 2x E, 2x R, F, I, N)
- 380 Bügelperlen in Sonnenfarben
- 185 Bügelperlen in Hellblau
- 65 Bügelperlen in Dunkelblau
- Mosaikkleber auf Wasserbasis
- Fugenmasse in Gelb und Blau

STRENGER TÜRBEWACHER

1 Schneide sechs grüne und sechs gelbe 2 cm x 50 cm große Streifen aus Tonpapier zurecht. Aus diesen Streifen faltest du nun die Hexentreppe: Lege die Streifen im rechten Winkel aufeinander und falte immer den jeweils unten liegenden Streifen über den darüber oben liegenden Streifen. Ist ein Streifen zu Ende, klebst du einfach einen neuen Streifen daran. Zum Schluss verklebst du die Enden miteinander.

2 Übertrage nun die Vorlagen auf den Fotokarton und schneide alle Teile aus. Wenn du magst, kannst du sie lustig bemalen. Klebe die Augen auf. Die Füße befestigst du jeweils an den Hexentreppen und die Hexentreppen klebst du als Beine an den Monsterkörper.

3 Nun stichst du vorsichtig ein kleines Loch in den Mund und an der passenden Stelle in den Monsterkörper. Mit der Musterklammer befestigst du den Mund am Monsterkörper. Biege die Enden der Musterklammer um: So kannst du den Mund immer drehen – je nachdem, ob du gute oder schlechte Laune hast.

4 Jetzt musst du nur noch die Kordel an der Rückseite des Monsters festkleben und schon kannst du dein Super-Ver-jage-Monster aufhängen.

DAS BRAUCHST DU

- Fotokarton in Weiß, Rot und Grün
- Tonpapier in Gelb und Grün, A2
- Musterklammer
- Kordel, ca. 60 cm lang
- Prickelnadel

Vorlage Seite 106

GEFRÄSSIGES MÜLLMONSTER

1 Hat dein Mülleimer Metallbügel an den Seiten, entferne sie. Knülle Zeitungspapier zusammen und klebe es mit Kreppband oben auf den Deckel des Mülleimers. Klebe nun ebenfalls mit Kreppband die Styroporkugeln oben auf das Zeitungspapier.

2 Nun brauchst du ganz viele Zeitungsschnipsel – viel Spaß beim Zerreißen! Rühre Tapetenkleister an und klebe die Schnipsel damit über den gesamten Deckel. Am besten sind fünf Lagen Zeitungspapier und dann noch eine Lage Küchenpapier. Lass alles gut trocknen, am besten über Nacht.

3 Jetzt kannst du dein gefräßiges Müllmonster nach Herzenslust bemalen. Zum Schluss kann dir ein Erwachsener dabei helfen, den Kopf zu lackieren. Jetzt kannst du dein Müllmonster mit Müll füttern!

DAS BRAUCHST DU

- Mülleimer, 7 l
- 3 Styropor®kugeln, ø 6 cm
- Acrylfarbe in Rot, Weiß, Schwarz und Lila
- Acryl-Klarlack
- Zeitungspapier
- 2 EL Tapetenkleister
- 1 l Wasser
- Küchentücher
- Kreppband

Tipp

Natürlich kannst du dein Müllmonster statt als Mülleimer auch als Aufbewahrung für deine Spielsachen verwenden.

WECKSCHRECK

DAS BRAUCHST DU

- Digitalwecker
- Pappkarton
- Stoff in Felloptik
- Wattekugel (ø 25 mm)
- Fotokarton in Rot und Grün
- evtl. Wackelaugen

Vorlage Seite 99

1 Als Erstes musst du das Maul deines Weckschrecks vermessen. Dafür nimmst du ein Lineal und schreibst dir die Maße deiner Weckeranzeige auf.

2 Zeichne das ausgemessene Kästchen auf einen Pappkarton auf und male einen Weckschreck deines Vertrauens ringsherum. Fällt dir nichts ein, benutze einfach die Vorlage hinten im Buch.

3 Jetzt geht's ans Ausschneiden. Einmal den Umriss und dann das Maul ausschneiden. Nun kannst du den Pappkarton mit Stoff bekleben, wieder die Schere zücken und den Stoff an den Umrissen entlang ausschneiden.

4 Du kannst deinem Weckschreck Augen aus Wattekugel-Hälften verpassen und mit schwarzem Filzstift Pupillen aufmalen. Wackelaugen gehen auch. Wenn du Lust hast, verziere auch den Mund. Wie wär's mit Zähnen oder wulstigen Lippen? Jetzt alles ausschneiden und auf den Stoff kleben. Zum Schluss klebst du die Weckschreck-Fratze auf deinen Wecker.

GEHEIMER PIRATEN-SCHLÜSSEL

1 Forme etwas schwarzes Fimo® zu einer Kugel und rolle die Kugel zu einer flachen runden Scheibe aus. Rolle etwas weißes Fimo® aus und übertrage den Totenkopf von der Vorlage auf die Platte. Schneide den Totenkopf aus und setze ihn auf die schwarze Medaille.

2 Aus einer kleinen weißen Kugel rollst du eine dünne Wurst. Schneide sie in acht Stücke und forme daraus die Knochen. Aus kleinen schwarzen Kügelchen formst du Augen und Nase und befestigst sie auf dem Totenkopf. Mit einem Zahnstocher ein Loch in die schwarze Scheibe bohren. Lass den Anhänger nun im Ofen aushärten.

3 Nach dem Härten das Satinband durch das Loch fädeln und alles am Schlüsselring befestigen.

DAS BRAUCHST DU

- Fimo® in Schwarz und Weiß
- Satinband in Schwarz
- Schlüsselring

Vorlage Seite 105

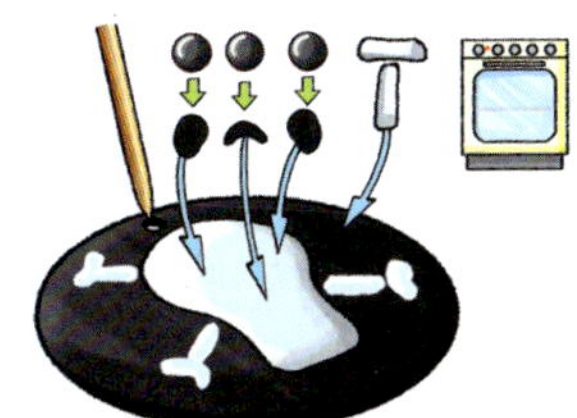

UNTER-WASSER-WELT

Tauch ab!

- rechteckiges Glas, 18 cm x 9,5 cm, 23,5 cm hoch
- grober Sand in Natur
- 12 Wackelaugen, ø 8 mm
- Fotokarton in Türkis, A4
- Tonpapierstreifen in
- 3x Türkis, 1,3 cm breit, 30 cm lang
- 4x Hellgrün, 1,3 cm breit, 30 cm lang
- 3x Dunkelblau, 1,3 cm breit, 30 cm lang
- 4x Hellblau, 1,3 cm breit, 30 cm lang
- 5x Orange, 1,3 cm breit, 30 cm lang
- 6x Gelb, 1,3 cm breit, 30 cm lang
- 2x Rot, 1,3 cm breit, 30 cm lang

1 Für den Deckel zeichnest du die Glasumrisse auf den Fotokarton. Verlängere alle Linien um 1 cm und zeichne so noch ein größeres Rechteck um das kleine. Dann schneidest du an den langen Kanten den Rand 1 cm vom kurzen Rand entfernt bis zur inneren Linie ein und knickst jeweils dieses Stück um. Falte danach alle Seiten entlang der innen aufgemalten Linie. Nun kannst du den Deckel zusammenkleben.

2 Für die Fischkörper klebe je zwei Streifen der gleichen Farbe aneinander und kürze den entstandenen langen Streifen dann auf 50 cm Länge. Quille (siehe dazu Seite 6) daraus einen 3,7 cm großen Kreis. Die inneren Rundungen zum Rand ziehen und festkleben.

3 Für die hintere Fischflosse quillst du einen Streifen zu einem 2,5 cm großen Kreis und formst ihn zu einem Halbmond. Diesen mit der Rundung an den Körper kleben. Die obere Flosse machst du aus einem 10 cm langen Streifen. Quille seine Enden in die entgegengesetzte Richtung, bis nur noch 5 cm übrig bleiben. Dieser Streifen wird wie eine Welle an den Körper geklebt. Für die untere Flosse knickst du einen 10 cm langen Streifen in der Mitte und rollst die Enden des V mithilfe des Quillingstabes auf, eines nach innen, das andere nach außen. 1 cm bleibt jeweils übrig.

4 Für den Fischmund knickst du einen 10 cm langen Streifen in der Mitte und rollst beide Seiten wie ein Herz auf. Klebe alle Teile der Fische zusammen und bringe die Wackelaugen an.

5 Nun sind die Seesterne dran: Du brauchst für jedes Tier fünf Streifen von 30 cm Länge. Quille daraus 2,5 cm große Kreise und drücke sie an zwei gegenüberliegenden Seiten spitz zulaufend zusammen. Klebe die Blattformen zu Sternen zusammen und setze die Wackelaugen auf.

6 Stich mit einer Nadel ein Loch in die oberen Seitenflossen der Fische, ziehe einen Nylonfaden durch und verknote das Ende. Das andere Ende des Fadens mit Klebeband in den Deckel kleben. Probiere aus, wie lang die Nylonfäden sein müssen, damit die Fische frei im Aquarium hängen. Fülle Sand in das Glas und drücke die Seesterne hinein. Dann kannst du den Deckel aufsetzen.

LEUCHTENDE GESPENSTER

Gruselparty für Nachteulen

- Fimo® in Schokolade, Caramel und 3x nachtleuchtend
- Perlen in Blautönen, ø 6 mm
- Nylonschnur
- Holzring, ø 20 cm
- Satinband in Dunkelblau, 12 mm breit, ca. 4 m lang
- Bast in Hellblau, 4 cm x 30 cm

Vorlage Seite 98

1 Rolle das nachtleuchtende Fimo® aus und fertige daraus nach der Vorlage drei Gespenster und fünf Sterne an. Glätte alle Ränder mit deinem Finger.

2 Rolle eine Platte aus schokobraunem Fimo® aus und schneide nach der Vorlage die Fledermausflügel aus. Den Körper formst du aus einer Rippe caramelfarbenem Fimo® für den Kopf und zwei Rippen für den Bauch. Forme dreieckige Ohren und befestige sie am Kopf.

3 Lege alle Teile auf ein mit Backpapier ausgelegtes Backblech. Stich mit einem Zahnstocher in alle Teile Löcher zum Aufhängen. Härte nun alles im Backofen.

4 Nach dem Abkühlen kannst du mit den Lackmalstiften Gesichter aufmalen und das Mobile zusammenbauen. Schneide dazu verschieden lange Stücke von der Nylonschnur ab und binde sie an die Sterne, Geister und Fledermäuse. Fädle blaue Glasperlen dazwischen.

5 Binde alles an dem Holzring fest und umwickle die Fäden mit Klebeband, damit nichts verrutscht. Knote den Bast an und verknote die oberen Enden. Bestreiche den Ring mit Klebstoff und wickle das blaue Stoffband darum, sodass alle Knoten verdeckt sind. Viel Spaß bei der Gruselparty!

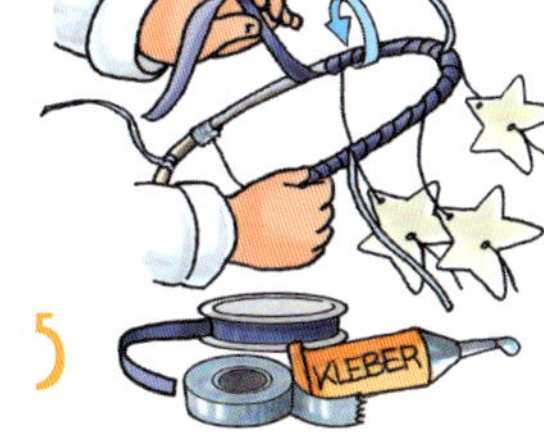

UTENSILIEN-KROKODIL

frisst Schreibtisch-Chaos!

- Eierkarton für 10 Eier mit hohen Zapfen
- Eierkarton für 6 Eier mit hohen Zapfen
- 2 Schälchen einer Eierpalette, 1,5 cm hoch (für die Augen)
- Acrylfarbe in Weiß, Grün und Rot
- 2 Wackelaugen, ø 2,5 cm
- Perlgarn in Grün, 14 cm lang
- Nadel

Vorlage Seite 100

1 Schneide jeweils den Deckel der Eierkartons ab. Schneide den Schwanz und die Zähne aus dem Deckel der großen Schachtel aus. Die einzelnen Teile malst du wie auf dem Foto zu sehen an.

2 Stich mit einer Nadel (ca. 2 cm von der seitlichen Deckelrundung und 1 cm von der Deckeloberseite entfernt) zwei Löcher für den Kopf durch den Deckel. Ziehe das Perlgarn durch die Löcher. Klebe die Wackelaugen in die Schälchen und dann auf den Deckel. Befestige anschließend noch die Zähne.

3 Den Deckel klebst du schräg auf das Schachtelunterteil auf. Den Schwanz des Krokodils befestigst du an der Unterseite des Schachtelrandes.

4 Mit der Nadel 2 cm von der seitlichen Rundung entfernt zwei Löcher in die Vorderseite des Körpers stechen. Ziehe das Perlgarn durch die Löcher und verknote die Fadenenden.

VERRÜCKTER ZETTELHALTER

Besuch aus dem All

1 Stelle einen Rohling mit ca. 55 cm Umfang her (siehe dazu Seite 6). Die drei Styropor®kugeln jeweils mit einer Schicht aus Zeitungspapierschnipseln bekleben und in gleichmäßigem Abstand an den Rohling kleben.

2 Für die Stacheln klebst du aus Zeitungspapier neun Tütchen (12–18 cm hoch, ca. ø 6 cm) zusammen. Die Tütchen wie abgebildet mit der Öffnung nach unten gleichmäßig verteilt am oberen Teil des Ballons ankleben. Beklebe die Stacheln mit zwei Lagen Zeitungspapier, sodass sie fest und stabil werden.

3 Mit der Rundzange neun Drahtspiralen biegen, dabei am Ende jeweils 4 cm Draht überstehen lassen und senkrecht wegbiegen. Dieses Drahtende bestreichst du mit Klebstoff und ziehst eine Perle auf. Auf die Stachelspitzen je einen Tropfen Klebstoff tupfen. Das gerade Ende der Drahtspirale jeweils durch die Stachelspitze stechen und fixieren, sodass die Perle stabil auf der Spitze sitzt.

4 Grundiere die Figur weiß und lass sie gut trocknen. Das Gesicht von der Vorlage auf den Rohling übertragen. Spiralen auf den Stacheln und Kugeln anzeichnen. Male die Figur wie auf dem Foto zu sehen oder nach deinen Wünschen an. Für das Auge mischt du Blau mit etwas Weiß.

5 Für die Wimpern einen Papierstreifen (ca. 2 cm x 7 cm) im Abstand von ca. 2 mm gleichmäßig einschneiden, dabei einen schmalen Kleberand von ca. 3 mm lassen. Den Papierstreifen malst du schwarz an und klebst ihn auf das Auge. Trocknen lassen und die Figur lackieren.

SPINNENWINDLICHT VORNE LINKS

1 Mit dem wasserfesten Filzstift zeichnest du drei Spinnennetze auf die Rückseite der Lampenschirmfolie (die Seite, die nicht abgezogen werden kann) auf.

2 Danach stanzt du mit einer Lochzange (kleinstes Loch), einer spitzen Schere oder einer spitzen Nadel die Löcher in die Folie: an allen Spitzen sowie zwischen den Spitzen, am Ende der Spinnfäden (nicht zu dicht am Rand) und in der Mitte des Netzes. Dann die Klebefolie abziehen und den Vlies darauf aufkleben. Die überstehende Folie nicht abschneiden, das ist der Kleberand!

3 Nun stickst du das Spinnennetz, dabei stickst du immer nur vorwärts: Beginne an einer Spitze außen am Netz. Sticke einmal den Umriss entlang bis zum Anfang. Danach einmal in die Gegenrichtung wieder bis zum Anfang sticken. Jetzt mit der Nadel in den darunter liegenden Punkt stechen und den inneren Kreis genauso wie den äußeren arbeiten.

4 Zum Schluss noch die acht Spinnfäden ausarbeiten – jeweils von der Mitte bis zum äußeren Rand und wieder zurück zur Mitte. Vernähe den Faden in der Mitte (auf der Rückseite), stecke die Spinnen auf den Spinnweben fest und klebe das Windlicht an der Klebestelle zusammen.

Tipp

Stelle das Teelicht immer in einem Glas ins Windlicht und lass es nur unter Aufsicht brennen, ansonsten besteht Brandgefahr.

SPINNENWINDLICHTER HINTEN UND VORNE RECHTS

1 Zuerst zeichnest du Spinnennetze mit einem silberfarbenen wasserfesten Filzstift oder dem schwarzen Plusterstift direkt auf das Transparentpapier auf. Danach klebst du den Vlies auf die Lampenschirmfolie. Dabei die überstehende Folie nicht abschneiden – das ist der Kleberand. Dann das bemalte Transparentpapier mit dem doppelseitigen Klebeband auf dem Vlies fixieren.

2 Zum Schluss stichst du mit einer spitzen Schere vorsichtig ein kleines Loch in die Mitte jedes Netzes, steckst die Spinnen darin fest und klebst das Windlicht am Kleberand zusammen.

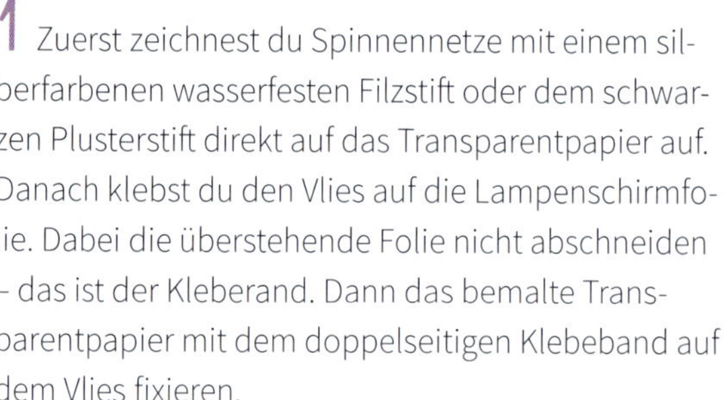

DAS BRAUCHST DU

Für das Spinnenwindlicht vorne links
- dünner Vlies in Silbergrau, 30 cm x 10 cm
- selbstklebende Lampenschirmfolie in Transparent, 0,5 mm stark, 35 cm x 10 cm
- 3 Plastikspinnen zum Anstecken
- Perlgarn in Grau
- Sticknadel
- Lochzange

Für das Spinnenwindlicht hinten und vorne rechts
- Transparentpapier extra stark in Transparent, 30 cm x 10 cm
- dünner Vlies in Weiß, 30 cm x 10 cm
- selbstklebende Lampenschirmfolie in Transparent, 0,5 mm stark, 35 cm x 10 cm
- Plusterstift in Schwarz
- 3 Plastikspinnen zum Anstecken
- 1-Euro-Münze

Vorlage Seite 104

SPINNENWINDLICHTER
für Gruselfans

POST-AUFPASSER

So geht nichts verloren!

DAS BRAUCHST DU

- Fimo® soft in Schwarz, Caramel und Schokolade
- Sperrholz, 8 mm stark, 20 cm x 10 cm
- Acrylfarbe in Grün
- Lackmalstifte
- Heißkleber

Vorlage Seite 100

1 Für den Bauch der Hunde formst du je eine Fimo®kugel und drückst diese auf der Arbeitsplatte etwas flach, damit eine Standfläche und der Rücken entstehen. Für den Kopf ebenfalls eine Kugel formen. Diese etwas in die Länge ziehen und wie abgebildet modellieren. Die Nase dabei spitz zulaufen lassen.

2 Für die Vorderpfoten formst du eine 3 cm lange und 1 cm breite Rolle. An einem Ende etwas zusammendrücken und die Tatzen ausmodellieren. Drücke beide Vorderbeine am Bauch fest. Für die Hinterbeine formst du je eine Kugel. Diese auf einer Seite eindrücken, bis nahezu eine Halbkugel entstanden ist. Unter den Hinterleib kleben.

3 Drücke den Kopf auf den Körper. Eine 2,5 cm lange und 1 cm breite Rolle formen, etwas abflachen und als Ohren seitlich an den Kopf modellieren. Dann formst du eine kleine Kugel aus schwarzem Fimo® für die Nasenspitze und drückst sie an einer Seite zusammen, sodass ein kleines Dreieck entsteht. Die Nasenspitze aufdrücken.

4 Lass dein Werk nach Herstellerangaben aushärten und verdopple dabei die angegebene Backzeit. Nach dem Backen gut auskühlen lassen und mit wasserfestem Filzstift und Lackmalstiften die Augen aufmalen. Zum Schluss bemalst du noch das Sperrholzbrett und klebst die Hunde mit Heißkleber auf.

MEMOTAFEL

1 Übertrage alle Teile von der Vorlage auf den Fotokarton und schneide sie aus.

2 Klebe dann die Magnetfolie auf den Pappkarton. Die Zähne von hinten auf den großen grünen Fotokarton aufkleben, die Wackelaugen von vorne auf den roten Fotokarton. Male mit einem Buntstift noch einmal um die Augen herum. Dann auch die Augen ankleben. Wenn du magst, kannst du deine Memotafel nun noch mit Buntstiften verzieren.

3 Jetzt fehlen noch die Magnete: Forme aus der Knete lustige, platte Monster – ganz so, wie es dir am besten gefällt. Dann müssen die Magnete in den Backofen, damit sie hart werden. Dabei die Herstellerangaben beachten. Wenn die Knetmonster abgekühlt sind, die Magnete auf die Rückseiten kleben.

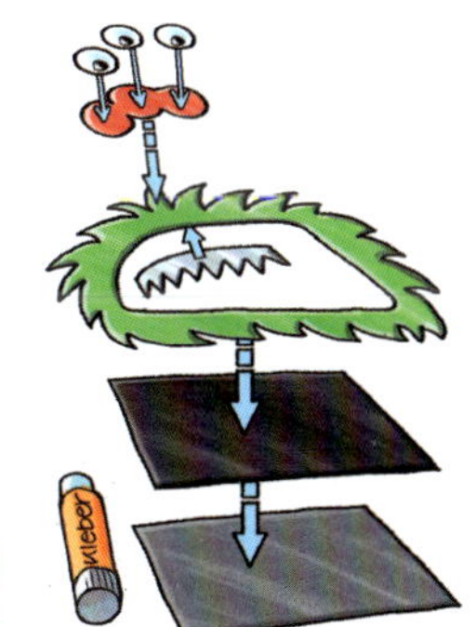

DAS BRAUCHST DU

- Pappkarton, 21 cm x 29 cm
- Magnetfolie, 21 cm x 29 cm
- Magnete, ø 2 cm
- 3 Wackelaugen, ø 30 mm
- Fotokarton in Weiß und Rot, A6
- Fotokarton in Grün, A3
- Buntstifte in Rot, Lila und Grün
- Pluffy™-Knete in verschiedenen Farben

Vorlage Seite 105

PIRATEN-TÜRSCHILD

Wer wohnt denn hier?

1 Bereite Salzteig vor und färbe die Hälfte des Salzteigs mit Lebensmittelfarbe blau. Den Rest teilst du in vier Teile auf und färbst die Teile rot, grün, gelb und braun ein.

2 Rolle den blauen Teig aus und schneide nach der Vorlage das Schiff daraus aus. Rolle aus einem blauen Reststück den Mast und befestige ihn am Rumpf. Die Teile in den anderen Farben ebenso nach Vorlage fertigen. Dann alle Teile wie abgebildet auf dem Schiff anordnen.

3 Schreibe deinen Namen mit einer grün-gelben Schlange aus Salzteig auf das Schiff auf. Trockne dein Piratenschiff dann im Backofen (eine Stunde bei 100 Grad und geöffneter Ofentür, dann mehrere Stunden bei 150 Grad und geschlossener Ofentür). Nach dem Abkühlen malst du dem Piraten mit Filzstift ein Gesicht auf.

4 Lackiere zum Schluss dein Türschild mit Klarlack und klebe den Bildaufhänger auf der Rückseite fest. Fertig!

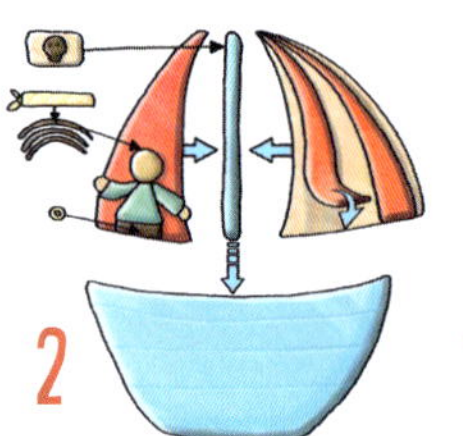

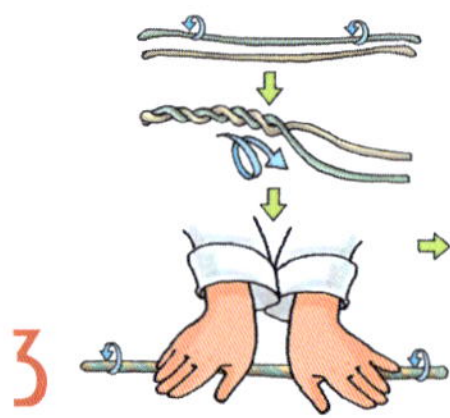

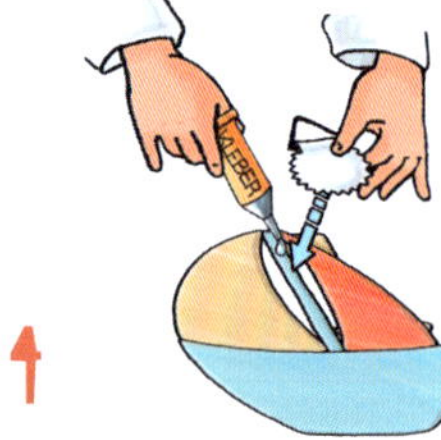

DAS BRAUCHST DU

- Salzteig (250 g Salz, 250 g Mehl, 1 EL Öl, Wasser)
- Lebensmittelfarbe in Blau, Rot, Grün, Gelb
- 1 TL Kakao
- wasserfeste Filzstifte in Schwarz und Rosa
- Teigroller
- Bildaufhänger

Vorlage Seite 103

gut getarntes Taschengeld

1 Bemale eine alte Shampooflasche mit blauer Acrylfarbe. Zeichne dann mit wasserfestem Filzstift ein fieses Haimaul mit spitzen Zähnen auf. Male das Maul mit Acrylfarbe aus. Als Augen klebst du Wackelaugen auf beide Seiten der Flasche.

2 Zeichne eine Haifischflosse auf grauen Fotokarton und schneide sie zweimal aus. Beide Teile entgegengesetzt jeweils 1 cm weit umknicken, zusammenkleben und mit der abgeknickten Fläche auf den Hai aufkleben.

3 Nun fehlt nur noch die Öffnung für das viele Geld: Sie wird mit einem Cutter hinter der Flosse hineingeschnitten. Lasse dir besser helfen, damit du dir nicht in die Finger schneidest!

DAS BRAUCHST DU

- alte Shampooflasche
- Acrylfarbe in Blau, Rot, Weiß und Schwarz
- Fotokarton in Grau
- Wackelaugen
- evtl. leere Klopapierrolle
- Cutter mit Schneideunterlage

Tipp

Damit der Haifisch irgendwo herumstehen und auf Kohle warten kann, kannst du aus einem Stück Klorolle einen Ständer dafür bauen. Einfach die Rolle bunt anmalen, eine Mulde hineinschneiden, den Hai daraufstellen – und jetzt immer schön das Geld klingeln lassen!

WANDSCHMUCK

für echte Indianer

DAS BRAUCHST DU

Für den Büffel

- Kiefernholz, 2 cm stark, 26 cm x 19 cm
- 60 Nägel, 3 cm lang
- Hammer
- Wasserfarbe in Orange, Blau und Grün
- Wollreste in Beige, Hellbraun und Braun

Für das Indianerzelt

- Kiefernholz, ca. 2 cm stark, 22 cm x 29 cm
- 44 Nägel, 3 cm lang
- Hammer
- Wasserfarbe in Blau und Grün
- Wollreste in Gelb, Rot, Orange, Hellblau, Zitronengelb, Himmelblau, Grün und Blau

Vorlage Seite 106

BÜFFEL

1 Streiche das Holzbrett für die Wiese unten mit grüner und für den Himmel oben mit blauer Farbe an. Male noch seitlich eine Sonne auf den Himmel auf. Die Farbe trocknen lassen.

2 Das Motiv mit Transparentpapier von der Vorlage abpausen. Um das Motiv zu übertragen, die bemalte Seite des Transparentpapiers auf das Holz legen. Ziehe mit einem Bleistift die Linien nach. Dann malst du die Augen, die Augenbrauen und die Nasenlöcher des Büffels auf.

3 Die Nägel im Abstand von 2 cm in gleicher Höhe auf den Linien einschlagen. Dann bindest du die Wolle wie abgebildet um die Nägel und knotest die Enden der Wolle fest.

INDIANERZELT

1 Übertrage das Motiv und die Punkte für die Nägel mit Transparentpapier von der Vorlage auf das Holzbrett. Male dann das Indianerzelt wie abgebildet auf. Die Farbe trocknen lassen.

2 Schlage die Nägel jeweils in gleicher Höhe auf den Linien ein. Ein Ende des Wollfadens am ersten Nagel anknoten. Die Wolle wie abgebildet um die Nägel binden und die Enden der Wolle festknoten.

Tipp

Hier brauchst du beim Hämmern ein wenig Fingerspitzengefühl, damit die Nägel alle auf einer Höhe landen. Am besten legst du ein dünneres Stück Holz als Begrenzung für den Hammer auf.

SCHRÄGE TÜRANHÄNGER

DAS BRAUCHST DU

Für das Monster

- Moosgummi in Schwarz, 3 mm stark, A4
- Moosgummireste in Weiß, Rot und Grün, 2 mm stark
- 4 Wackelaugen, ø 1,2 cm
- Glitterglue in Silber, Blau und Grün
- Chenilledraht in 2 x Grün gestreift und Rot gestreift, ca. 20 cm lang

Für den Fisch

- Moosgummi in Blau, 3 mm stark, A4
- Moosgummireste in Gelb und Rot, 2 mm stark
- Glitterglue in Silber, Grün und Rot

Vorlage Seite 108

MONSTER

1 Den Türanhänger schneidest du der Vorlage nach aus dem stärkeren Moosgummi, die Spinne und den Mund aus dem dünneren Moosgummi aus. Mit silberfarbenem Glitterglue malst du ein Spinnennetz auf die eine Seite des stärkeren Moosgummis auf.

2 Klebe der Spinne, den Mund und die Wackelaugen auf. Für die Beine die zwei grünen Chenilledrähte jeweils vierteln und die Stücke als Beine an den Rücken der Spinne ankleben. Biege die Beine in Form.

↑ Wenn das Spinnennetz aus Glitterglue getrocknet ist, kannst du die Spinne auf den Türanhänger kleben.

FISCH

1 Den Türanhänger schneidest du der Vorlage nach aus dem stärkeren Moosgummi, den Fisch aus dem dünneren Moosgummi aus.

2 Verziere alle Teile mit Filzstift und Glitterglue. Wenn die Farbe getrocknet ist, klebst du den Fisch auf den Türanhänger auf. Wenn du magst, schneidest du für die Rückseite einen zweiten Fisch aus und schreibst „Raus" auf das Türschild.

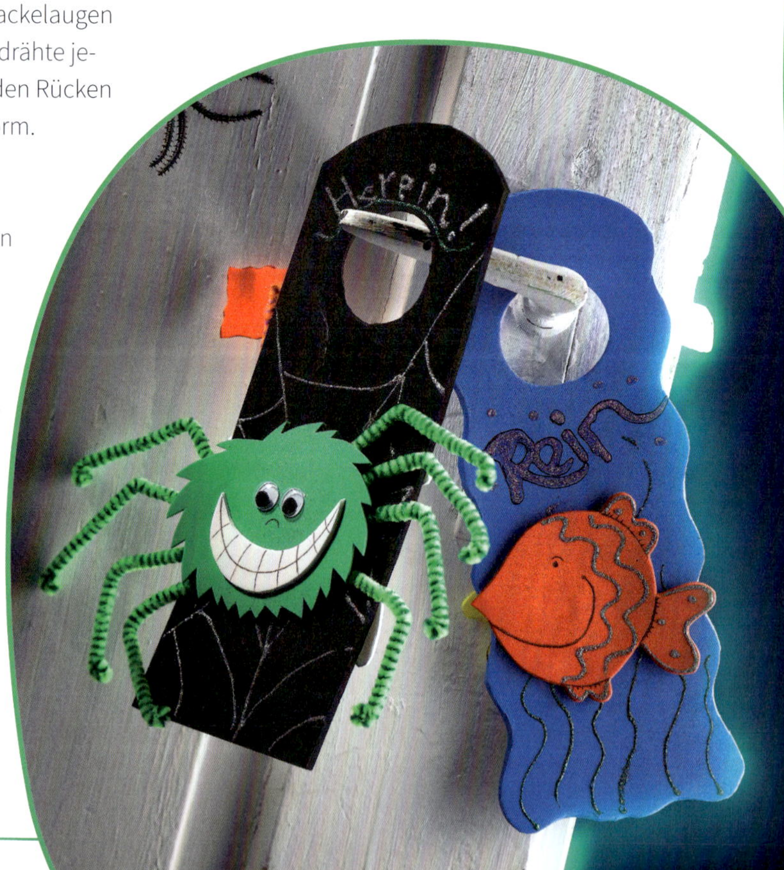

BILDERRAHMEN

Im Dschungel ist was los!

DAS BRAUCHST DU

- Fimo® soft in Apfelgrün, Tropischgrün, Sonnengelb, Lavendel, Weiß, Himbeere, Mandarine, Pflaume und Schwarz
- Bilderrahmen in Grün, 21,5 cm x 16,5 cm
- Acrylfarbe in Hellgrün

Vorlage Seite 102

Tipp

Du kannst die einzelnen Teile auch anders anordnen – ganz so, wie es dir gefällt. Die Szene sieht auch auf einem quadratischen Rahmen gut aus.

BILDERRAHMEN

1 Schneide alle Teile außer den Blumen aus Fimo®-Platten aus. Streiche sanft über die Kanten, um sie abzurunden. Der Stamm der Palme und die Gräser mit dünnen Fimo®-Würsten verzieren. Mit einem Modellierstab Vertiefungen in die Blätter der Palme eindrücken. Für die Nüsse Sonnengelb und Mandarine mischen. Füge die Palme zusammen.

2 Drücke unterhalb des Kopfes mit dem Modellierstab eine Linie in den Löwenkörper ein. Die Ohren über dem Pinselstiel leicht wölben, dann die Ohren an den Körper andrücken. Für die Augen und die Nase Kugeln formen. Die Kugeln flach drücken und aufsetzen. Den Schwanz von hinten ansetzen.

3 Für die Blumen eine kleine Kugel auf eine große Kugel drücken. Das Loch in der Blütenmitte mit einem Schaschlikstäbchen eindrücken. Einen Stiel aus Fimo® formen und an eine Blüte ansetzen.

4 Härte alle Teile im Ofen aus. Evtl. den Bilderrahmen bemalen und die einzelnen Teile nach dem Abkühlen auf den Bilderrahmen aufkleben.

SCHWAMMBOMBEN

DAS BRAUCHST DU

- 2 Schwammtücher
- Baumwollfäden
- Schwamm
- Stickgarn in Schwarz
- dicke lange Nadel
- Eimer mit Wasser

Vorlage Seite 104

1 Schneide die Schwammtücher jeweils in sieben Streifen. Bündle die Streifen und wickle in der Mitte einen Faden um alle Streifen. Den Faden straffziehen und zusammenknoten. Jetzt sieht deine Schwammbombe ein bisschen aus wie ein Seeigel.

2 Nun kannst du aus Abwaschschwämmen noch Figuren ausschneiden, z. B. einen Fisch oder einen Tintenfisch. Übertrage das Tier von der Vorlage auf einen Schwamm, schneide es aus und zeichne mit einem wasserfesten Filzstift die Augen auf. Dann nimmst du eine Nadel und Faden und nähst mit zwei Stichen deinen Zierfisch oder deinen Kraken an deine Schwammbombe an. Wenn das nicht die allercoolsten Schwammbomben überhaupt sind!

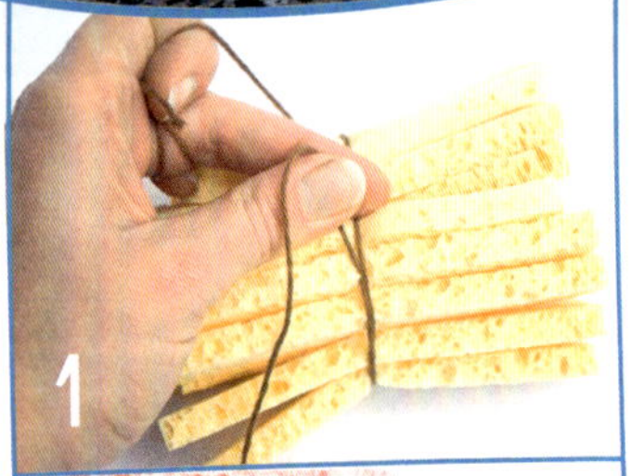

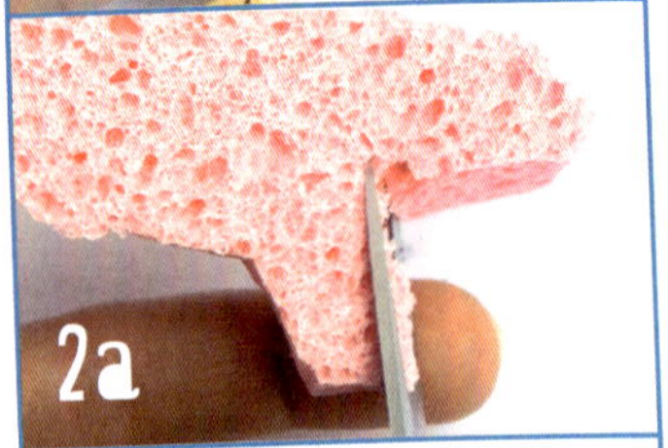

- 6 Plastikflaschen, 500 ml
- Krepppapierreste in verschiedenen Farben
- 2 EL Tapetenkleister
- 1 l Wasser
- ca. 85 g Sand (pro Flasche)
- Tennisball
- Wackelaugen, ø 7 mm, 10 mm, 12 mm und 30 mm
- Pompons, ø 7–25 mm
- Styropor®kugeln, ø 15 mm und 30 mm
- Plüsch in Orange und Braun, 5 cm x 12 cm und 3 cm x 11 cm
- Wollreste
- Filzreste
- Chenilledrahtreste
- Wellenchenilledrahtreste
- Schmucksteine

Vorlage Seite 99

KEGELSPIEL

Monster zum Umwerfen

1 Fülle zunächst die Flaschen mit etwas Sand, damit sie besser stehen. Am besten geht das mit einem Trichter.

2 Rühre nun zusammen mit einem Erwachsenen den Tapetenkleister an. Reiße kleine Schnipsel aus dem Krepppapier und beklebe die Flaschen mit den bunten Schnipseln. Lasse den Tapetenkleister anschließend gut trocknen.

3 Nun lasse dir von einem Erwachsenen einen Schlitz in den Tennisball schneiden. Stecke den Trichter hinein und fülle auch den Ball mit Sand auf. Klebe nun die Augen und den Mund auf den Tennisball auf – am besten so, dass der Schlitz ganz überklebt wird und nicht mehr zu sehen ist.

4 Sind die Flaschen getrocknet, kannst du sie nach Lust und Laune verzieren, indem du sie anmalst oder beklebst – schön gruselig natürlich!

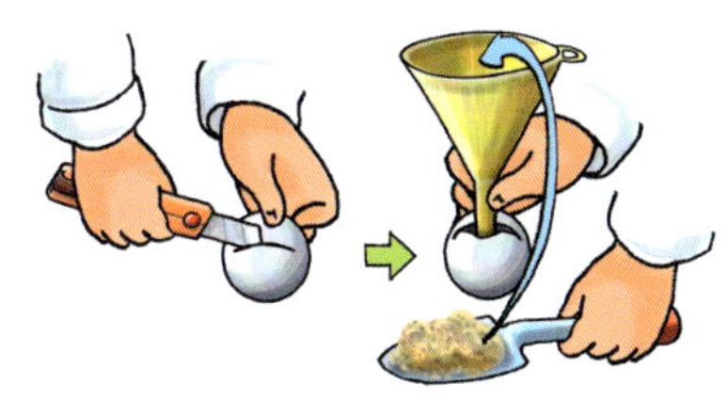

SAITENINSTRUMENTE

1 Reinige die Flasche gründlich und entferne das Etikett. Dann schneidest du die Seiten der Flasche mit einem spitzen Messer an zwei gegenüberliegenden Stellen kreuzförmig ein. Der dicke Boden der Flasche muss unter Umständen mit der Bohrmaschine durchbohrt wenden. Hierbei bittest du einen Erwachsenen um Hilfe. Die Hasel- oder Weidenrute steckst du dann durch die beiden Löcher in der Flaschenwand bzw. durch das Loch im Boden und die Öffnung oben.

2 Die Rute hat in der Mitte eine weiche Masse, das Mark. In das Mark an den Rutenenden schlägst du jeweils einen Nagel ein, sodass nur noch ca. 1 cm des Nagels zu sehen ist.

3 An ein Ende des Bindfadens bindest du eine stabile Öse. Die Öse wird an einem der Nägel eingehängt. Nun spannst du den Faden zum zweiten Nagel und biegst dabei die Haselrute zu einem leichten Bogen. Schlinge den Bindfaden mehrfach um den Nagel und verknote ihn dann sorgfältig.

4 Jetzt musst du die Flasche nur noch so verschieben, dass der Bindfaden sie leicht berührt. Schon kannst du dein Instrument durch Zupfen am Bindfaden zum Klingen bringen.

DAS BRAUCHST DU

- leere Plastikflasche
- Haselnuss- oder Weidenrute, ø ca. 1,5 cm, 60 cm bis 1 m lang
- Bindfaden, ca. 1,50 cm lang
- 2 Nägel, ca. 4 cm lang

SPIELLANDSCHAFT

Insel im Garten

1 Rühre zuerst zusammen mit einem Erwachsenem den Fliesenkleber nach Herstellerangaben mit Wasser an (siehe dazu auch Seite 8). Achtet darauf, dass keine Klumpen entstehen.

2 Die ganze Sandsteinplatte mit Fliesenkleber bestreichen. Für Berge kann der Fliesenkleber leicht angehäuft und mit einem Spachtel modelliert werden.

3 Ordne dann die Steine, die Mosaiksteine, die Fliesenscherben und andere Fundstücke zu einer Fantasielandschaft mit Bergen, Wegen oder einem See an. Lass das Kunstwerk drei Tage lang aushärten. Schon ist deine Miniaturlandschaft fertig zum Spielen!

DAS BRAUCHST DU

- Sandstein-Trittplatte, geschwungen, 40 cm x 40 cm
- 25 Steine, ø 4 cm
- 10 Steine, ø 3 cm
- 5 Steine, ø 8 cm
- 5 Steine, ø 5 cm
- 41 Marmormosaiksteine, 1 cm x 1 cm
- 13 Fliesenscherben in Blau
- Muscheln
- Fliesenkleber

HOCKEYSCHLÄGER

- Erwachsenensocke
- 150 g Füllwatte
- Kiefernholz, 19 cm x 4 cm
- 8 Stöcke, ø 1 cm, 60 cm lang
- Velourslederband in Grau, 3 mm breit, 5 m lang
- Sisalschnur, ø 5 mm, 50 cm lang
- 3 Kabelbinder

1 Binde die Stöcke mit zwei Kabelbindern zusammen und schneide die Überstände mit der Schere ab.

2 Steck das Kiefernholz in den Fußbereich einer alten Erwachsenensocke. Damit hast du eine harte Angriffsfläche. Fülle dann die Socke mit der Füllwatte.

3 Steck die zusammengebundenen Stöcke in den Knöchelbereich der Socke und fixiere sie dort mit dem dritten Kabelbinder.

4 Binde das Velourslederband kreuzförmig um die Stöcke, bis es aufgebraucht ist. Zum Schluss noch die Sisalschnur über den Kabelbinder wickeln. Mit diesem grandiosen Schläger kannst du im Sommer Feld- und im Winter Eishockey spielen!

Tipp

Feldhockey wird ganz ähnlich wie Fußball in zwei Mannschaften mit einem Ball gespielt. Der Ball darf dabei nur mit der flachen Seite des Schlägers gespielt werden. Jeder Spieler sollte einen Helm und Schienbeinschützer tragen! Na, welche Mannschaft schießt die meisten Tore?

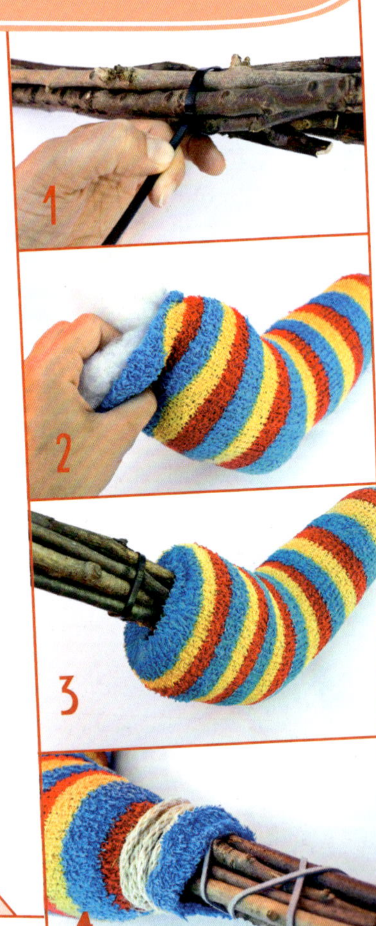

FLASCHENPOST

schwimmende Nachricht

- leere Weinflasche mit Korken
- Papier in Rot-Weiß gestreift, A4
- Paketschnur
- Trockenmoos
- Kerzenwachs

Tipp

Mit deinen Freunden kannst du spielen, dass ihr die Flaschenpost in einem Fluss in der Nähe gefunden habt. Wer hat sie wohl verschickt? Ein Verschollener, der auf einer einsamen Insel lebt? Ein gefährlicher Piratenboss? Ein in Seenot geratener Kapitän?

1 Beschrifte und bemale das rot-weiße Papier nach Lust und Laune. Rolle das Papier zusammen und stecke es zusammen mit etwas Moos und Packband in die leere Flasche. So sieht es aus, als wäre die Flasche schon lange auf der Reise.

2 Verschließe die Flasche nun mit dem Korken. Wenn du möchtest, dass deine Flasche noch interessanter und geheimnisvoller aussieht, tropfst du auf die Verschlussstelle etwas flüssiges Wachs. So ist die Flasche richtig versiegelt. Lass dir dabei von einem Erwachsenen helfen.

FLINKES WASSERRAD

Jetzt geht's rund!

1 Teile den oberen Rand des Joghurtbechers in vier oder sechs gleich große Abschnitte ein. Schneide den Becher mit der Schere von den Randmarkierungen bis zum Boden ein. Schneide dann den Boden ab. Du hast nun vier bzw. sechs Schaufeln für das Wasserrad.

2 Bohre den Korken von beiden Seiten an und stecke jeweils einen Nagel in die Bohrlöcher. Mit dem Messer schneidest du nun den Korken an der Seite vier- bzw. sechsmal ca. 5 mm weit ein. Stecke die Schaufeln probeweise in diese Schlitze. Sind die Schnitte tief genug und passt auch der Winkel, werden die Schaufeln eingeklebt.

3 Damit sich das Wasserrad drehen kann, brauchst du noch zwei passende Astgabeln. Stecke die Astgabeln ins Bachbett. Lege nun das Wasserrad mit den Nägeln in die beiden Astgabeln und schon beginnt es, sich zu drehen.

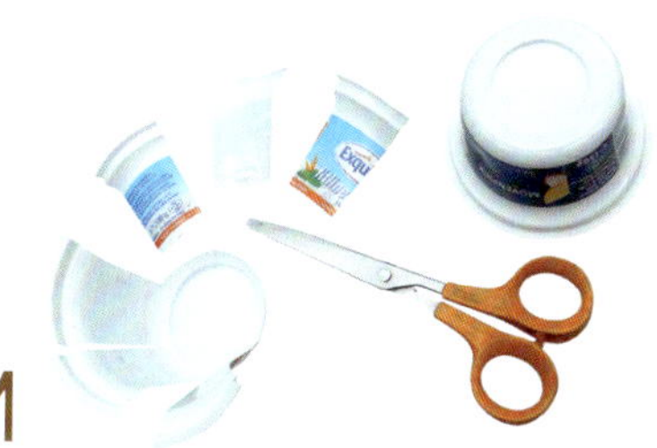

1

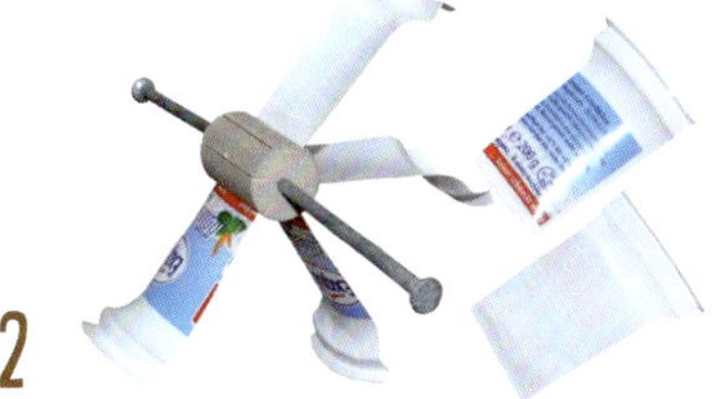

2

3

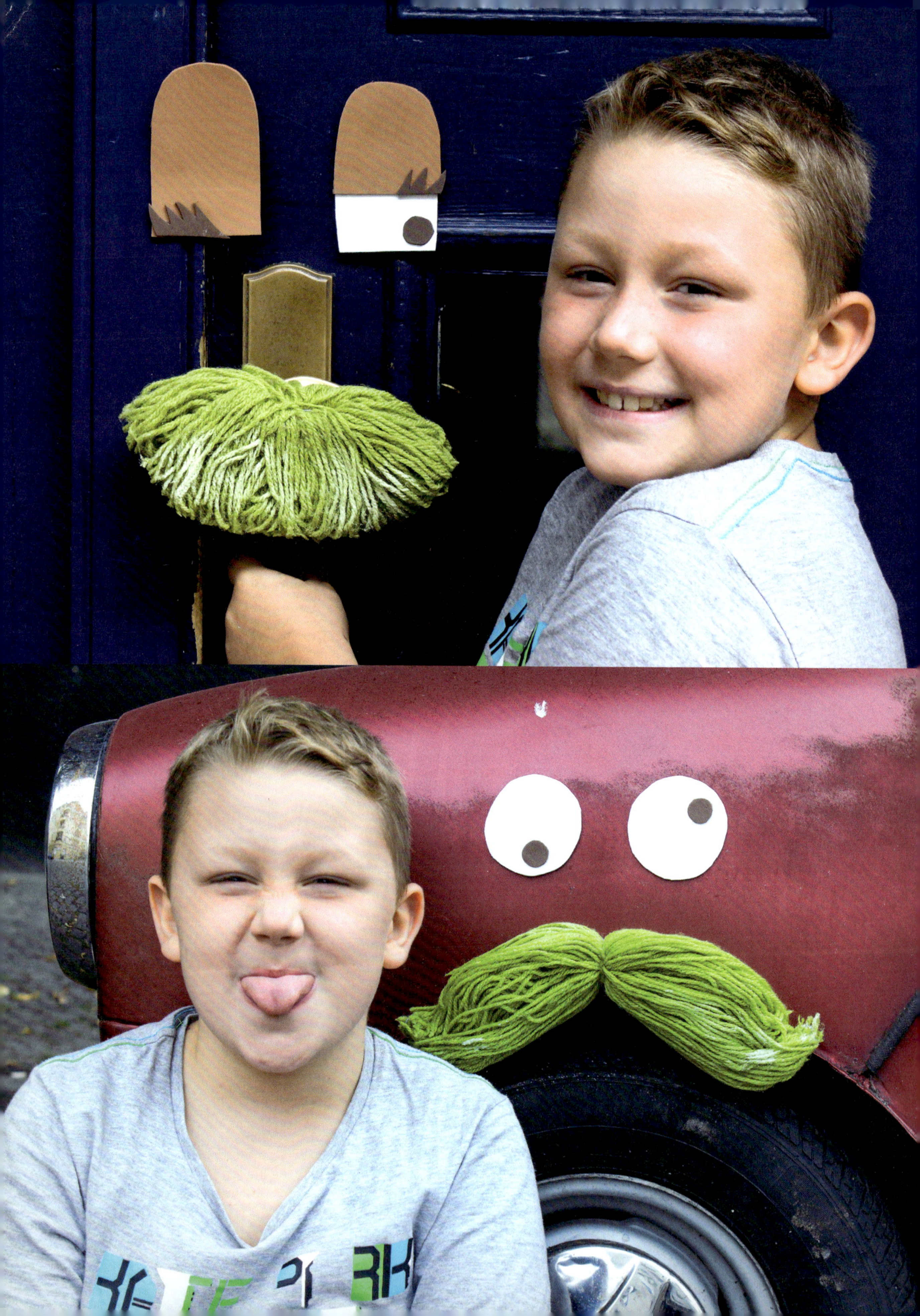

ZWIRBELBART

DAS BRAUCHST DU

- 50 g Wolle in Hellgrün
- Moosgummirest in Weiß und Braun
- Stoffversteifer
- Moosgummikleber

Vorlage Seite 109

1 Wickle die Wolle zu einer großen Schlinge, indem du sie um deinen Ellenbogen und deinen Daumen spannst. Greife dann die geschlungene Wolle in der Mitte und fixiere sie dort mit einem kurzen Wollfaden.

2 Schneide jetzt den Bart zu. Tränke die Wolle im Stoffversteifer. Du kannst den Stoffverstreicher auch mit einem Pinsel auf der Wolle verstreichen. Lege deinen Bart dann auf einer Unterlage in Form: Zwirble z. B. die Enden des Bartes hoch. Den Stoffversteifer trocknen lassen. Befestige doppelseitiges Klebeband an der Rückseite des Bartes.

3 Schneide nun alle Teile für die Augen nach der Vorlage aus Moosgummi aus und klebe sie mit Moosgummikleber aufeinander. Den Klebstoff trocknen lassen. Doppelseitiges Klebeband auf die Rückseiten der Augen aufkleben.

4 Jetzt beginnt die Kunstaktion: Ziehe los und klebe dein Bartgesicht, wohin du magst: auf einen Baum im Park, an eine Litfasssäule … Denke daran, kein fremdes Eigentum durch die Kleberei zu beschädigen!

"""

DAS BRAUCHST DU

- 3 Bambusstäbe, 1,50 m lang
- Fahnentuch in Weiß und Rot, 1,50 m x 1,50 m
- Acrylfarbe in Rot und Weiß
- 2 Moosgummiplatten in Weiß, A4
- Moosgummiplatte in Rot, A4
- 21 Holzwäscheklammern
- Moosgummikleber
- Nadel und Faden (oder Textilkleber)

Vorlage Seite 105

1 Schneide die Fahne nach der Vorlage zu. Schneide aus dem restlichen Fahnenstoff 5 cm breite und 1,50 m lange Streifen. Lass einen Erwachsenen Bambusstäbe über einer Herdplatte erwärmen und zwischen den knubbeligen Stellen biegen, sodass sie eine Bogenform erhalten.

2 Jetzt musst du noch einen Saum nähen oder einen schmalen Schlauch kleben, durch den du anschließend den Bambusstab durchfädelst. Die langen überstehenden Enden der Fahnenstoffstreifen beklebst du mit den ausgeschnittenen Streifen – sie baumeln nun an den Enden. Lege die Fahnen auf alte Zeitungen und male mit der Acrylfarbe Punkte auf.

3 Schneide aus dem weißen Moosgummi 28 Dreiecke und aus dem roten Moosgummi 14 Dreiecke aus. Klebe sie jeweils deckungsgleich auf Holzwäscheklammern. Du musst fest drücken, bis der Klebstoff leicht antrocknet.

4 Stecke die roten Zacken auf die weißen Fahnen und die weißen Zacken auf die roten Fahnen. Stecke die Fahnen nun in deinem Garten in den Boden, sodass es so aussieht, als würden nur noch Drachenschwänze herausgucken.

BALINESISCHE TRADITION

Diese Fahnen stammen ursprünglich aus Bali und heißen „umbul umbul". Sie werden dort für traditionelle Zeremonien aufgestellt und symbolisieren die Anwesenheit der Götter. „Umbul umbul" heißt übersetzt „Schwanz des Drachens". Die Farben der Balifahnen haben auch Bedeutungen: Rot steht für Mut, Weiß für Reinheit, Blau für Ehre und Reichtum, Schwarz für Macht, Gelb für Unendlichkeit und Grün für Frieden und Zuversicht. Also, machst du lieber einen mutigen Drachen oder einen mächtigen?

BALI-FAHNE

Schwanz des Drachens

SCHIFF, AHOI!

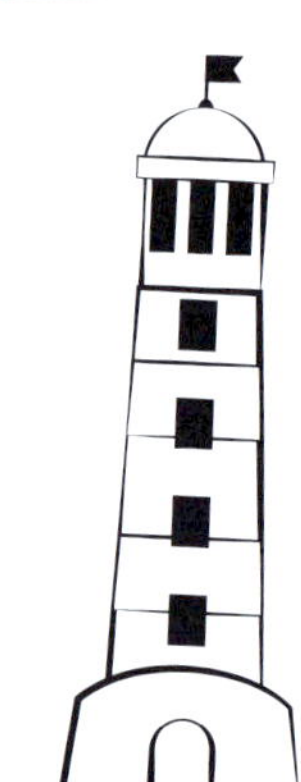

Tipp

Mit diesem Boot kannst du tolle Wett-
kämpfe austragen. Es schwimmt richtig
gut und lässt sich auch noch prima beladen.
Wenn du das Boot aus Aquapapier faltest,
kannst du es ganz oft und lange schwimmen lassen und es weicht nicht auf

1 Lege das Papier mit der Seite, die man später am Boot sehen soll, nach oben auf den Tisch. Falte dann die untere Kante des Papiers auf die obere Kante.

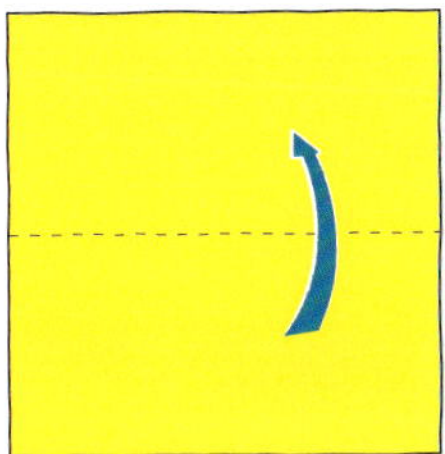

2 Wiederhole diesen Schritt noch einmal und klappe das Papier wieder zurück.

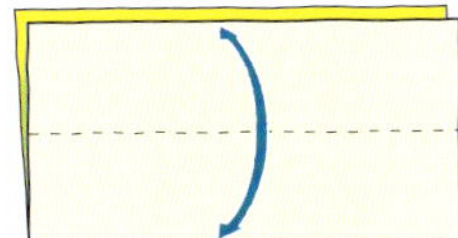

3 Nun faltest du die markierten Ecken der oberen Papierhälfte entlang der gestrichelten Linie zur Mittellinie. Achte darauf, dass du bei den beiden oberen Dreiecken rechts und links wirklich nur die obere Papierhälfte faltest.

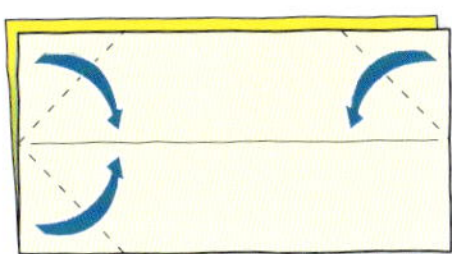

4 Dann wird die obere Papierlage entlang der gestrichelten Linie nach unten gefaltet.

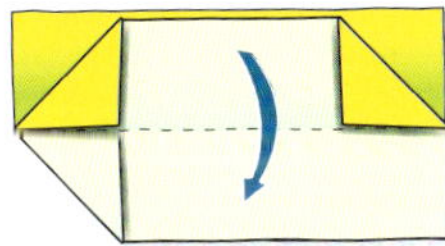

5 So sieht deine Faltung jetzt aus. Wende nun das Papier …

6 … und falte auch auf dieser Seite die markierten Dreiecke zur Mittelfalte.

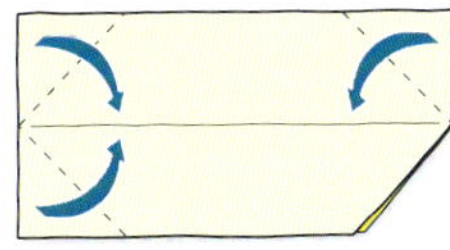

7 Jetzt klappst du auch diese obere Papierlage nach unten.

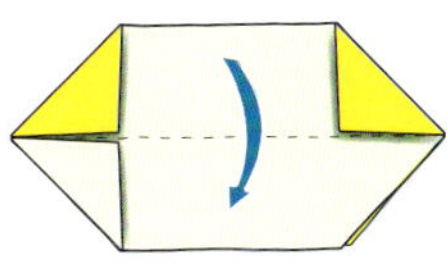

8 Dein Boot sieht jetzt schon fast fertig aus. Nun teilst du es in drei gleich große Teile ein und faltest die untere Kante in Höhe des ersten Drittels und damit nach oben und wieder zurück.

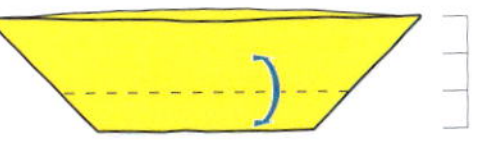

9 Als Nächstes faltest du die beiden Spitzen des Bootes entlang der gestrichelten Linie nach links bzw. rechts, öffnest sie wieder und drückst das Boot flach, indem du die Spitzen nach innen faltest.

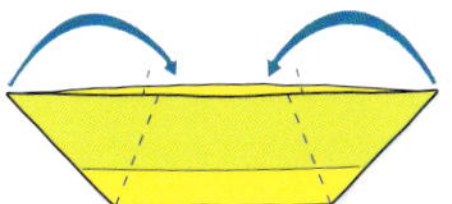

10 Jetzt noch die kleinen Spitzen rechts und links nach innen falten …

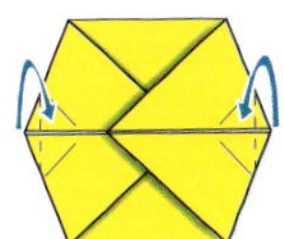

11 … und das Boot wieder aufklappen. Jetzt ist dein Boot bereit für seine Jungfernfahrt. Weißt du denn auch schon, wie es heißen soll?

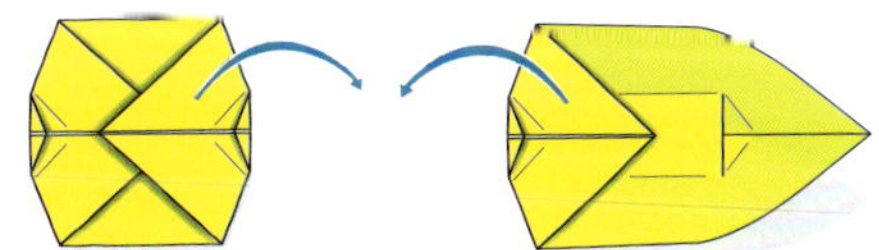

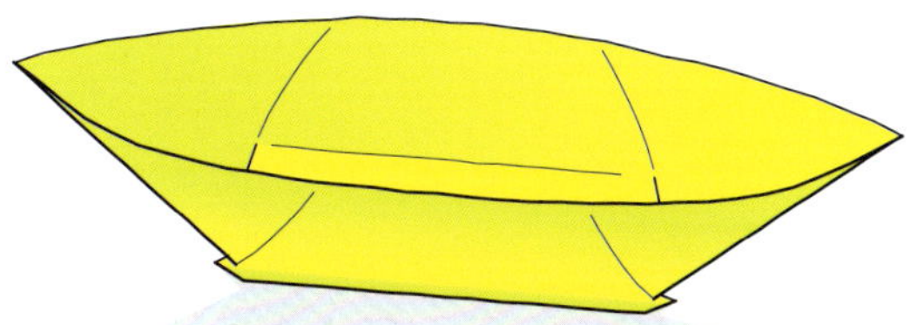

LÄRMTROMMEL
Pimp my bike

- leere Thunfischkonserve ohne Deckel, ca. ø 8,5 cm
- Hartholz, 6 mm stark, 6,5 cm x 6,5 cm
- Tonpapierrest in Rot
- Moosgummirest in Gelb
- Draht, ø 1 mm, 2 m lang
- Zinnblech, ca. 2,5 cm x 16 cm
- Schraube und Mutter, ø 5 mm
- Stempelfarbe in Silber
- Haushaltsgummi
- Reißzwecke
- Moosgummikleber
- Akkuschrauber
- Metallbohrer, ø 3 mm, 4 mm, 5 mm und 10 mm
- Metallsäge
- Zange

Vorlage Seite 102

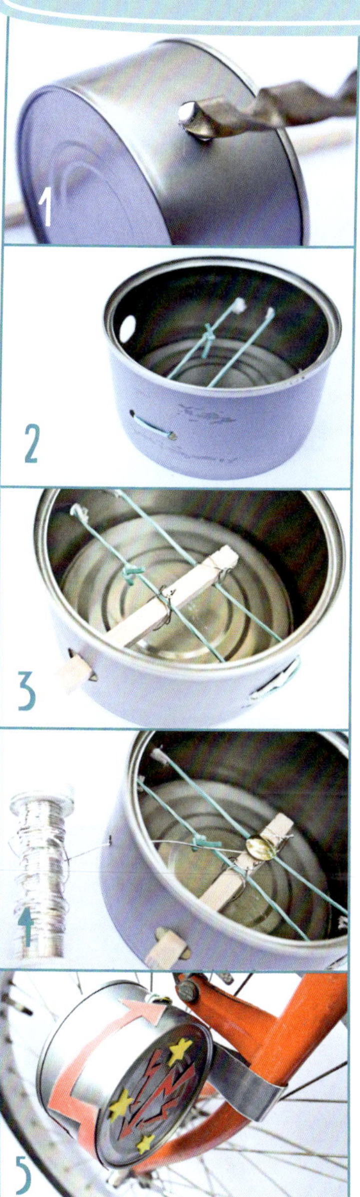

1 Bitte einen Erwachsenen, dir zu assistieren! Bohre mit einem 10 mm-Metallbohrer ein Loch in die Seitenwand der Konservendose. Das wird das Loch für den Trommelstab. Bohre nun jeweils oben und unten in die Thunfischdose zwei Löcher mit einem 4 mm-Metallbohrer.

2 Spanne ein Haushaltsgummi zwischen die vier Löcher. Damit das Gummiband nicht ausreißt, kaschierst du das Loch mit etwas Papier. Stecke nun den Holzstab in das 10 mm große Loch. Dabei sollte der eine Strang des Haushaltsgummis über und der andere Strang unter dem Holzstab liegen. Mit Draht fixieren.

3 Jetzt darf dein erwachsener Assistent dir helfen: Bohre zwischen dem 10 mm großen Loch und den Löchern für das Gummiband ein 3 mm breites Loch. Befestige eine Reißzwecke an dem Hartholzstab. Nun führst du von außen einen Draht durch das neue Loch und wickelst ihn um die Reißzwecke.

4 Wenn du deine Fahrradtrommel noch verschönern möchtest, schneidest du Blitze und Sterne aus Tonpapier und Moosgummi aus und klebst sie auf die Trommel. Tupfe mit silberfarbener Stempelfarbe auf das Tonpapier.

5 Du musst dir ein letztes Mal helfen lassen: Du benötigst noch ein 5 mm-Loch zwischen dem 3 mm- und dem 10 mm-Loch, um die Fahrradtrommel am Fahrrad zu befestigen. Biege das Zinnblech um die linke vordere Radgabel. Lasse dir auch gleich ein 5 mm-Loch durch beide Enden des Zinnbleches bohren, damit du dort die Schraube durchstecken kannst. Du steckst die Fahrradtrommel auf die Schraube und befestigst eine Mutter im Inneren der Trommel. Die Trommel zeigt mit dem Inneren in Fahrtrichtung. Befestige den Draht am Lenker – und ab geht die heiße Fahrt!

1 Lege das Papier wie abgebildet vor dich auf einen Tisch und falte die untere Kante auf die obere Kante. Falte das Papier wieder auf und drehe es um.

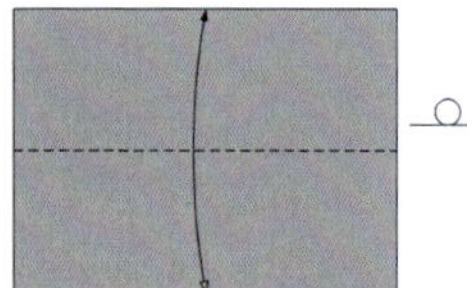

2 Falte nun die zwei linken Ecken auf den Mittelfalz.

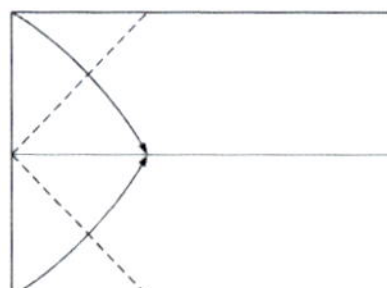

3 Falte die entstandene linke Spitze mittels einer Talfalte nach rechts.

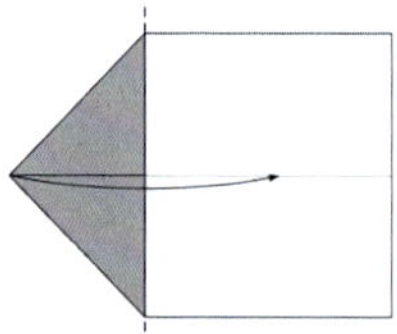

4 Falte die obere linke Ecke und die untere linke Ecke auf den Mittelfalz und lasse dabei links ca. 4 cm breit Platz. Falte die Faltungen wieder auf.

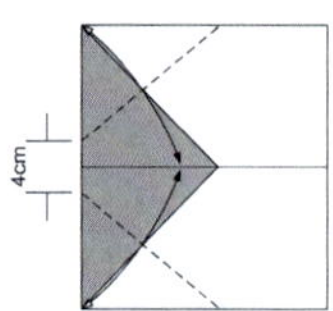

5 Klappe die Spitze wieder nach rechts auf.

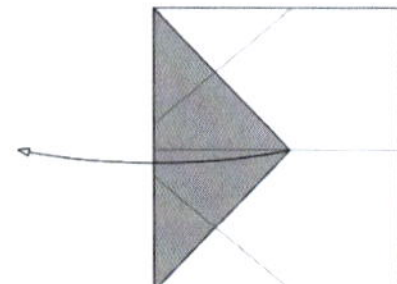

6 Talfalte die obere schräge Kante und die untere schräge Kante auf den Mittelfalz und falte das Papier wieder auf.

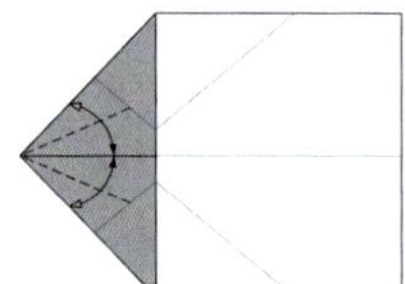

7 Falte die linke obere Ecke und die linke untere Ecke mittels Bergfaltung auf die dünne Linie in der Mitte, sodass die schwarzen Punkte zusammentreffen. Falte die linke Spitze dabei nach rechts.

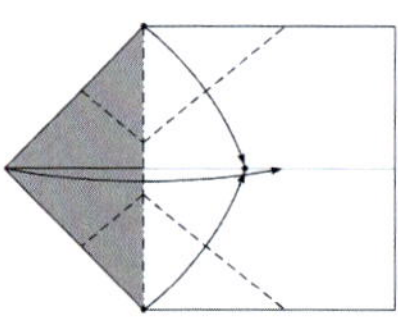

8 Talfalte die Spitze nach links und drücke dabei die Seiten zusammen.

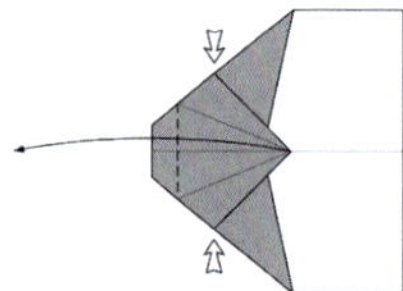

9 Talfalte den oberen Flügel und den unteren Flügel ca. 1 cm weit nach innen und falte das Papier wieder auf. Bergfalte die untere Kante auf die obere Kante.

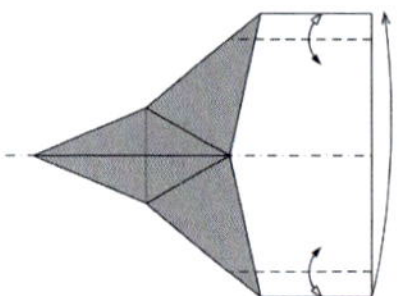

10 Falte die Flügel nach unten. Die Faltung kann hier ruhig schräg verlaufen.

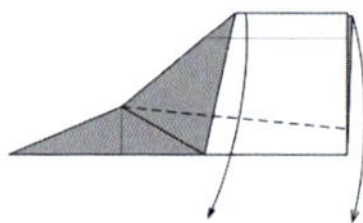

11 Stelle die Flügel wie abgebildet auf.

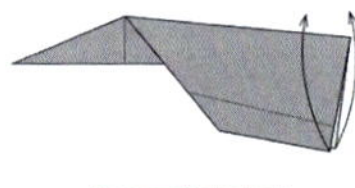

12 Klebe oder male ein paar Cockpitfenster auf deinen Flieger auf. Klappe nun die Spitze nach rechts um.

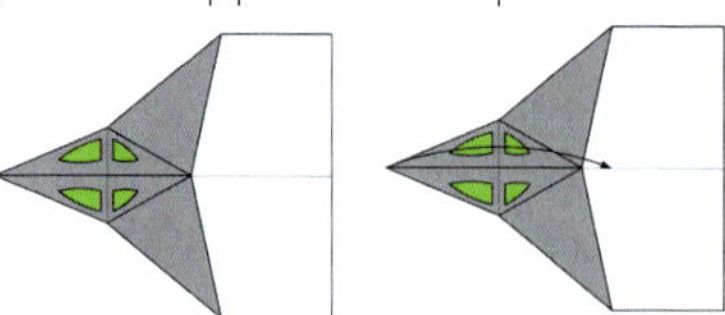

13 Klebe oder male nun ein Robotergesicht auf dieser Seite auf.

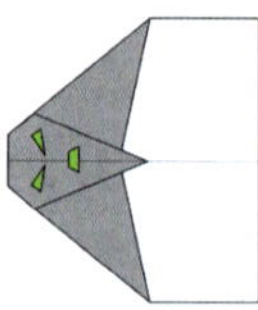

TRANSFORMER

DAS BRAUCHST DU

- Papier in Schwarz, A4
- Origamipapier in Rot (für die Augen und Streifen) und Grau (für die Cockpitfenster)
- evtl. Leuchtaufkleber

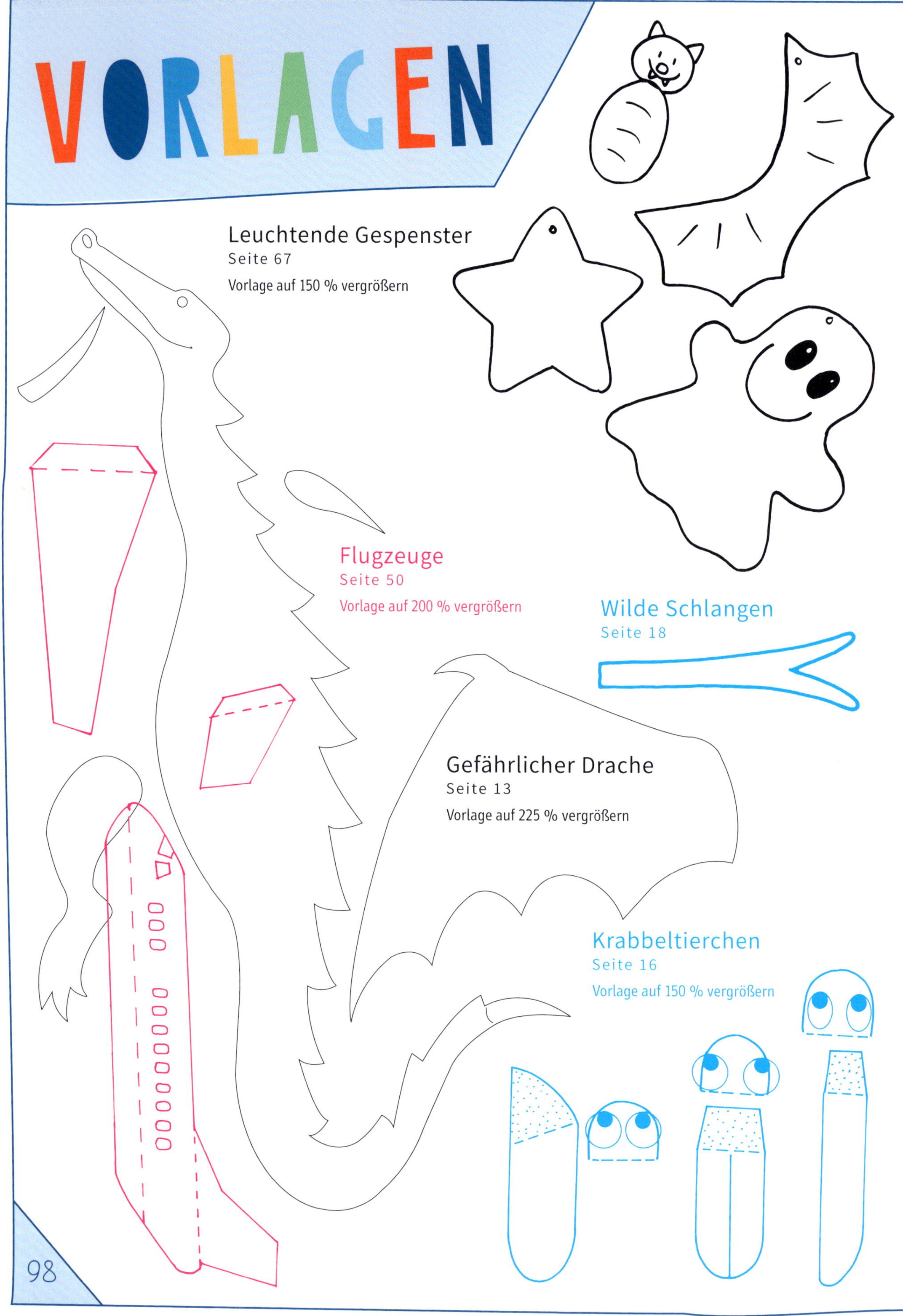

VORLAGEN
Leuchtende Gespenster
Seite 67
Vorlage auf 150 % vergrößern
Flugzeuge
Seite 50
Vorlage auf 200 % vergrößern
Wilde Schlangen
Seite 18
Gefährlicher Drache
Seite 13
Vorlage auf 225 % vergrößern
Krabbeltierchen
Seite 16
Vorlage auf 150 % vergrößern
98

Weckschreck
Seite 64
Vorlage auf 200 % vergrößern
Unterwasser-Räuber
Seite 17
Vorlage auf 200 % vergrößern
Kegelspiel
Seite 81
Zwei gruselige Gesellen
Seite 12
Kopf
1x
Flügel
2x
Auge
2x
Bein
2x
Feurige Salamander
Seite 20
Kroko, das Krokodil
Seite 28
99

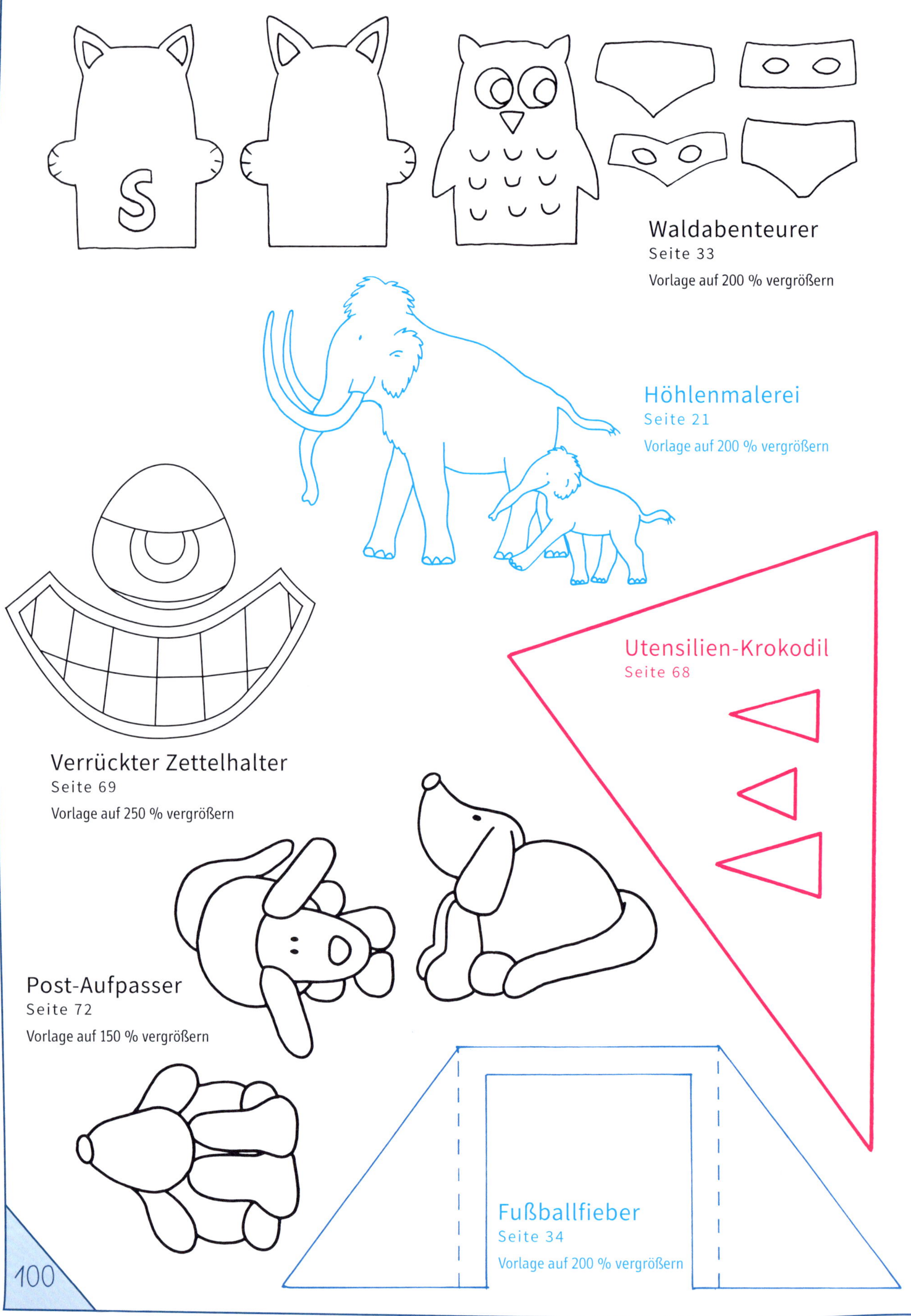
Waldabenteurer
Seite 33
Vorlage auf 200 % vergrößern

Höhlenmalerei
Seite 21
Vorlage auf 200 % vergrößern

Utensilien-Krokodil
Seite 68

Verrückter Zettelhalter
Seite 69
Vorlage auf 250 % vergrößern

Post-Aufpasser
Seite 72
Vorlage auf 150 % vergrößern

Fußballfieber
Seite 34
Vorlage auf 200 % vergrößern

S

Tier-Parade
Seite 23
Vorlage auf 150 % vergrößern
Grasfläche
Klappernder
Roboter
Seite 42
Drache Willibald
Seite 24
Vorlage auf 200 % vergrößern
Flügel 2x
Burgfestung
Seite 56
Vorlage auf 200 % vergrößern
101

Löwenkörper aus 8 Rippen Sonnengelb
Gräser und Blätter aus 8 Rippen Tropischgrün
Blätter und Gräser aus 8 Rippen Apfelgrün
Palmenstamm aus 8 Rippen Lavendel
Ohren
Augen
Nase
Blumen
Streifen Palme
Nüsse
Lärmtrommel
Seite 94
Vorlage auf 200 % vergrößern
Bilderrahmen
Seite 79
Vorlage auf 200 % vergrößern

Bimmelbahn
Seite 51
Giraffe
Hunde-Trio
Seite 22
Affe
Palme
Piraten-Türschild
Seite 74
Vorlage auf 200 % vergrößern
Affe und Giraffe
Seite 26
Vorlage auf 150 % vergrößern
103

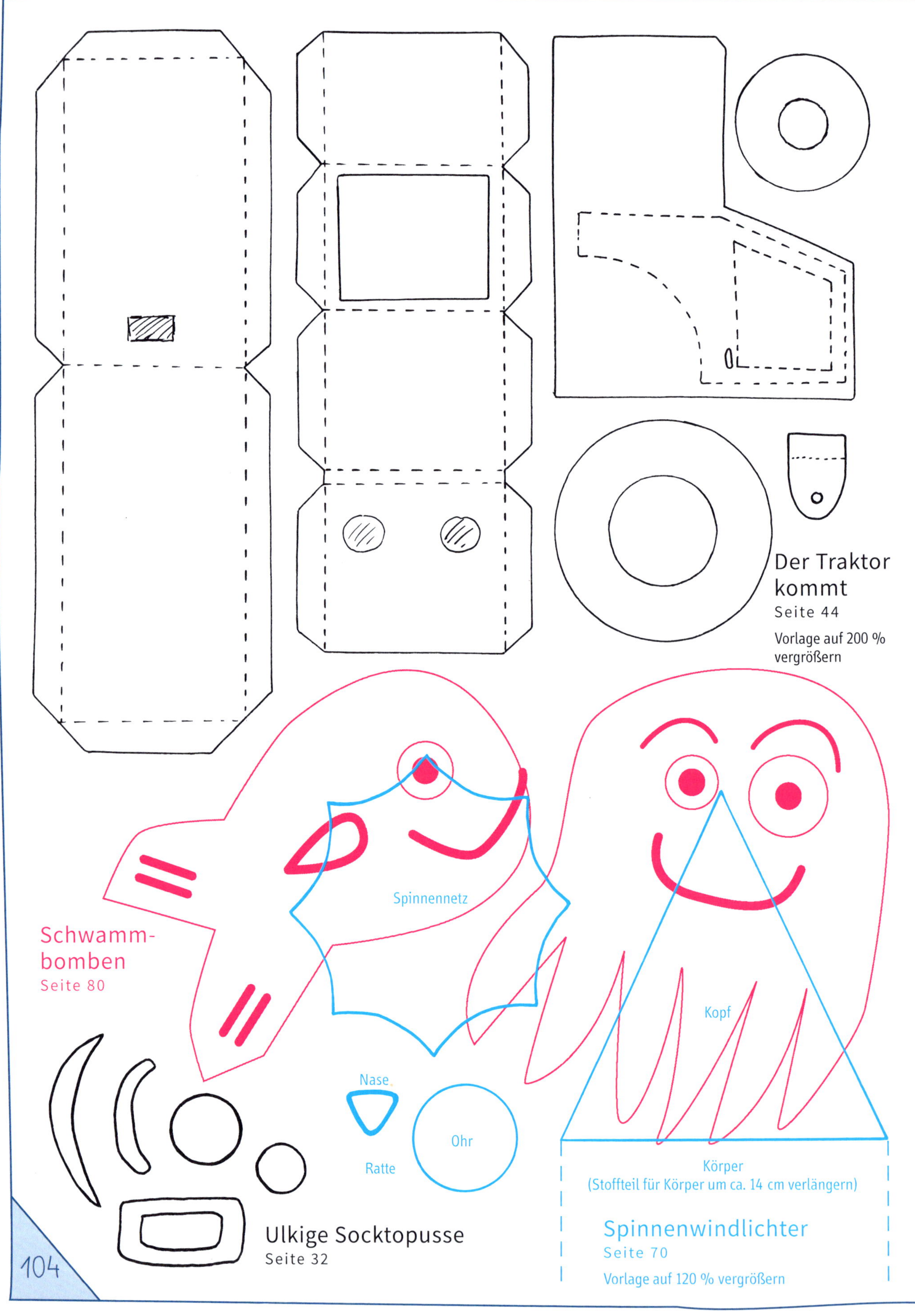

Der Traktor
kommt
Seite 44
Vorlage auf 200 %
vergrößern
Spinnennetz
Kopf
Schwamm-
bomben
Seite 80
Nase
Ohr
Ratte
Körper
(Stoffteil für Körper um ca. 14 cm verlängern)
Ulkige Socktopusse
Seite 32
Spinnenwindlichter
Seite 70
Vorlage auf 120 % vergrößern
104

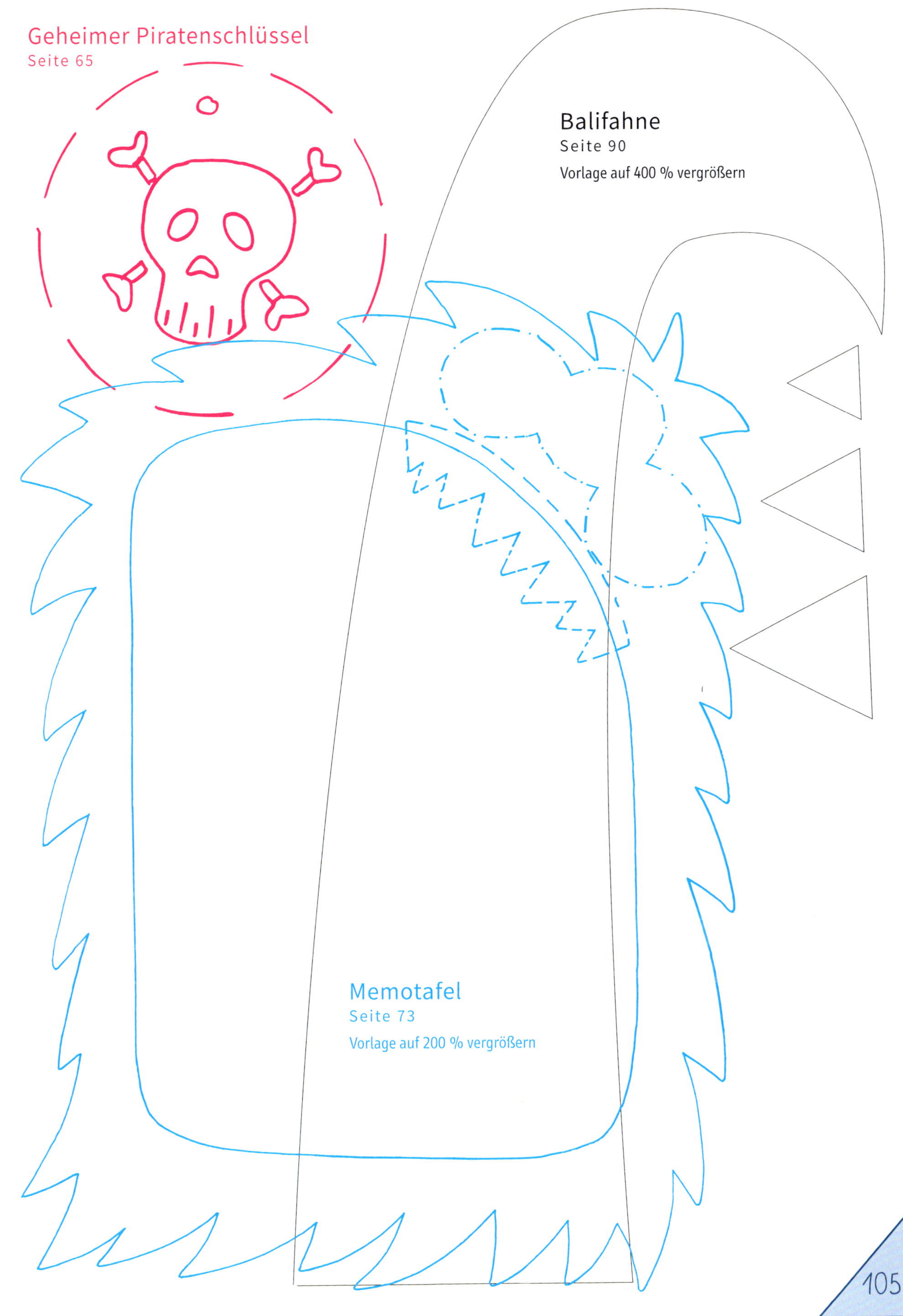

Geheimer Piratenschlüssel
Seite 65
Balifahne
Seite 90
Vorlage auf 400 % vergrößern
Memotafel
Seite 73
Vorlage auf 200 % vergrößern

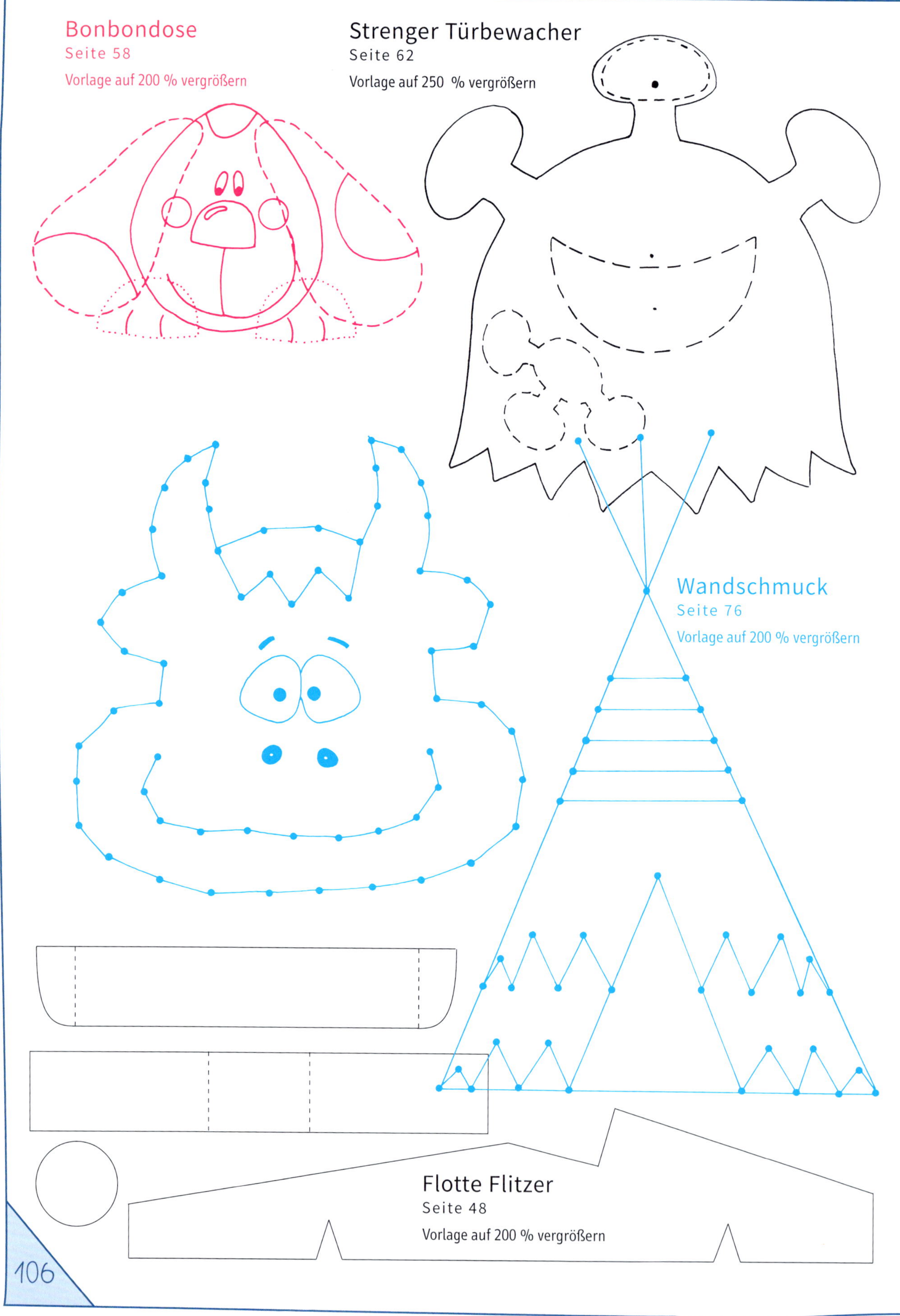

Bonbondose
Seite 58
Vorlage auf 200 % vergrößern
Strenger Türbewacher
Seite 62
Vorlage auf 250 % vergrößern
Wandschmuck
Seite 76
Vorlage auf 200 % vergrößern
Flotte Flitzer
Seite 48
Vorlage auf 200 % vergrößern
106

Labyrinth 24 cm x 12 cm

Magisches Labyrinth
Seite 52

Labyrinth 23 cm x 14,5 cm

Vorlage auf 200 % vergrößern

Ritter Rasputin
Seite 57

Vorlage auf 200 % vergrößern

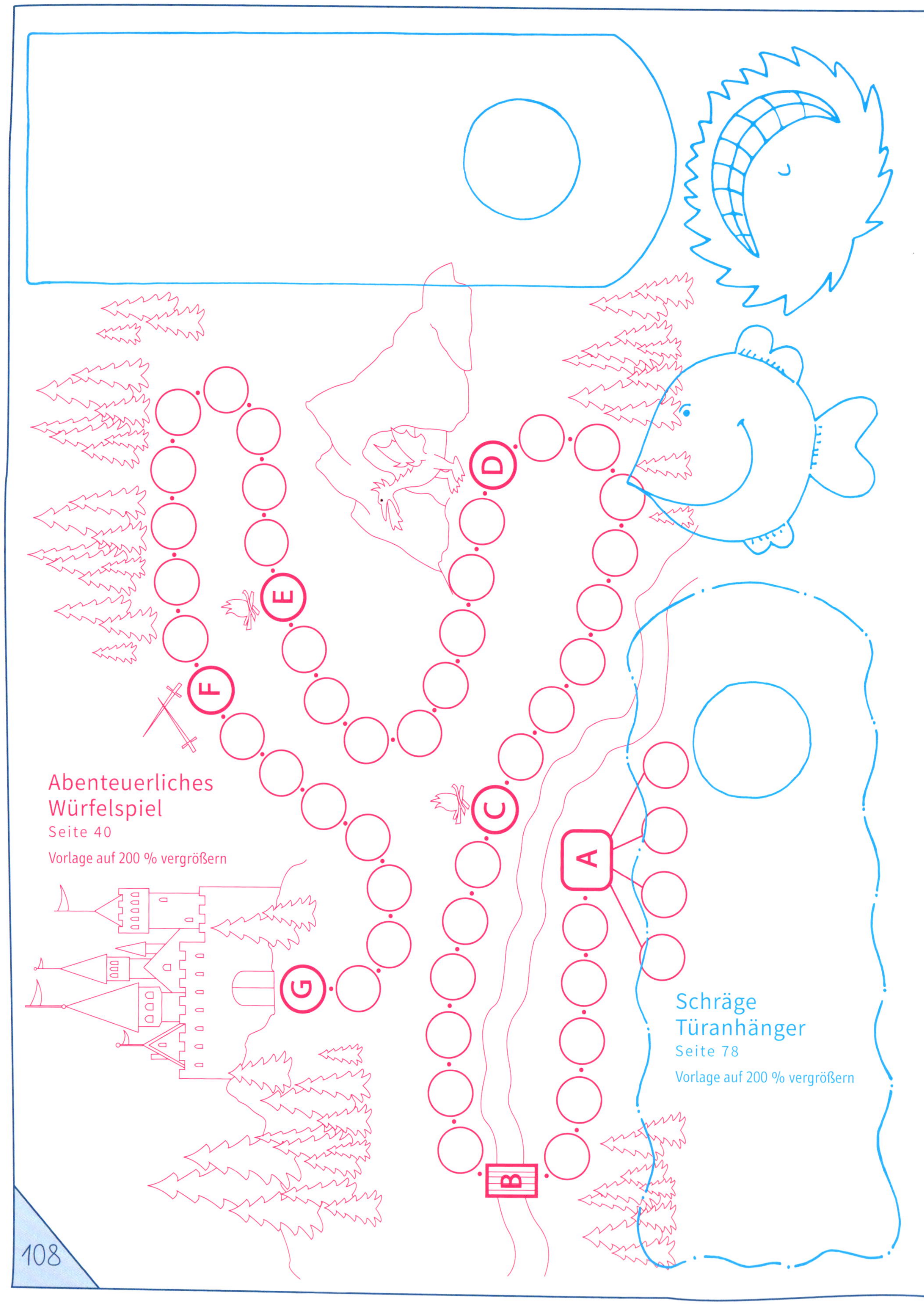
Abenteuerliches
Würfelspiel
Seite 40
Vorlage auf 200 % vergrößern
Schräge
Türanhänger
Seite 78
Vorlage auf 200 % vergrößern
108

Zwirbelbart
Seite 88
Vorlage auf 200 % vergrößern

Tierische Lesezeichen
Seite 59
Vorlage auf 250 % vergrößern

Handwerkerwagen
Seite 38

Achtung, Kindertrommel
Seite 36
Vorlage auf 150 % vergrößern

Freche Kuschelmonster
Seite 35
Vorlage auf 200 % vergrößern

Buchtipps für dich

ISBN 978-3-7724-7955-7

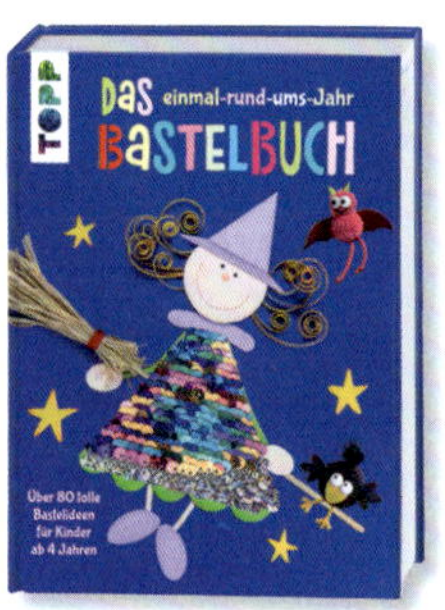

ISBN 978-3-7724-7873-4

ISBN 978-3-7724-8430-8

ISBN 978-3-7724-7836-9

ISBN 978-3-7724-7845-1

ISBN 978-3-7724-7954-0

ISBN 978-3-7724-7875-8

ISBN 978-3-7724-7874-1

ISBN 978-3-7724-7492-7

ISBN 978-3-7724-7495-8

ISBN 978-3-7724-7857-4

ISBN 978-3-7724-8427-8

Kreativ-Bücher findest du auf www.TOPP-kreativ.de

Weitere Ideen zum Selbermachen gesucht?

Lieblingsstücke von einfach bis einfach genial finden Sie bei TOPP!
Lassen Sie sich auf unserer Verlagswebsite, per Newsletter
oder in den sozialen Netzwerken von unserer Vielfalt inspirieren!

Website

Verlockend: Welcher Kreativratgeber soll es für Sie sein? Schauen Sie doch auf **www.TOPP-kreativ.de** vorbei & stöbern Sie durch die neusten Hits der Saison!

TOPP-Autoren

Sie wollen wissen, wer die „Macher" unserer Bücher sind? Wer Ihnen nützliche Tipps & Tricks gibt? Auf **www.TOPP-kreativ.de/Autor** warten jede Menge spannender Infos zum jeweiligen Autor auf Sie. Finden Sie heraus, welches Gesicht hinter Ihrem Lieblingsbuch steckt!

Facebook

Werden Sie Teil unserer Community & erhalten Sie brandaktuelle Informationen rund ums Handarbeiten auf **www.Facebook.com/Mitstrickzentrale**
Wer sich für Basteln, Bauen, Verzieren & Dekorieren interessiert, ist auf **www.Facebook.com/Bastelzentrale** genau richtig!

Pinterest

Sie sind auf der Jagd nach den neusten Trends? Sie suchen die besten Kniffe? Die schönsten DIY-Ideen? All' das & noch vieles mehr gibt es von TOPP auf **www.Pinterest.com/Frechverlag**

Newsletter

Bunt, fröhlich & überraschend: Das ist der TOPP-Newsletter! Melden Sie sich unter: **www.TOPP-kreativ.de/Newsletter** an & wir halten Sie regelmäßig mit Tipps & Inspirationen über Ihr Lieblingshobby auf dem Laufenden!

Extras zum Download in der Digitalen Bibliothek

Viele unserer Bücher enthalten digitale Extras: Tutorial-Videos, Vorlagen zum Downloaden, Printables & vieles mehr. Dieses Buch auch?
Dann schauen Sie im Impressum des Buches nach. Sofern ein Freischaltcode dort abgebildet ist, geben Sie diesen unter **www.TOPP-kreativ.de/DigiBib** ein. Nach erfolgreicher Registrierung erhalten Sie Zugang zur digitalen Bibliothek & können sofort loslegen.

YouTube

Sie wollen eine ganz neue Technik ausprobieren? Sie arbeiten an einem spannenden Projekt, aber wissen nicht weiter? Unsere Tutorials, Werbetrailer, Interviews & Making Of's auf **www.YouTube.com/Frechverlag** helfen Ihnen garantiert dabei, den passenden Ratgeber von TOPP zu finden.

Instagram

Sie sind auf Instagram unterwegs? Super, TOPP auch. Folgen Sie uns! Sie finden uns auf **www.Instagram.com/Frechverlag**
Möchten Sie uns an Ihrem Lieblingsprojekt teilhaben lassen? Am besten posten Sie gleich ein Foto mit dem Hashtag **#frechverlag** & wir stellen Ihr Werk gerne unserer Community vor – yeah!

Alles in einer Hand gibt's hier:

Unser Service für Sie:

Wenn Sie Fragen zu den Anleitungen in diesem Buch haben,
schreiben Sie einfach eine E-Mail an: mail@kreativ-service.info.
Wir helfen Ihnen gerne weiter.

IMPRESSUM

MODELLE UND ARBEITSSCHRITTBILDER: Ina Andresen (S. 33, 35), Christine Bietz (S. 21), Pia Deges (S. 32, 39, 41, 64, 75), Ute Fischer (S. 70), Monika Gänsler (S. 57), Franziska Heidenreich/Bianka Langnickel (S. 46/47, 80, 100/101, 104/105, 106/107, 110/111), Claudia Horn (S. 69), Birgit Kaufmann (S. 24/25, 31, 36/37, 42/43, 65, 67, 74), Catherine Massey/Annette Wragge (S. 60/61, 83), Dominik Meißner (S. 96/97), Kornelia Milan (S. 86), Pia Pedevilla (S. 23, 56, 79), Anja Ritterhoff (S. 76/77), Heike Roland/Stefanie Thomas (S. 72), Christian Saile (S. 92/93), Gudrun Schmitt (S. 30, 58, 66), Eva Sommer (S. 12, 34, 40), Armin Täubner (S. 13, 16, 17, 18/19, 20, 22, 40, 48/49, 52/53, 54/55, 82, 87), Gudrun Thiele (S. 26/27, 44/45, 59, 62, 63, 73, 78, 81), Andrea Wegener (S. 10/11, 14/15,), Susanne Weidmann (S. 28/29), Tanja Wechs (S. 51), Ingrid Wurst (S. 38, 68)
FOTOS: frechverlag GmbH, 70499 Stuttgart; lichtpunkt, Michael Ruder, Stuttgart (S. 8–15, 17, 21, 24/25, 30–33, 35–37, 39–47, 52–55, 59–67, 70/71, 73–75, 78–83, 86, 87, 90–97); Fotostudio Ullrich & Co., Renningen (S. 16, 18/19, 20, 22, 26/27, 34, 38, 48/49, 50, 51, 57, 58, 68, 69, 72, 76/77); Franziska Heidenreich/Bianka Langnickel (S. 84/85, 88/89); Josef Pernter Fotografie, Bruneck (S. 23); Pia Pedevilla (S. 56); André Köhl (S. 6, 28/29)
SCHRITTILLUSTRATIONEN: Ursula Schwab (außer S. 48/49 Armin Täubner; S. 92/93 Arnold & Domnick, Leipzig; S. 96/97 Dominik Meißner)
SCHMUCKILLUSTRATIONEN: Lydia Keßner (Cover: Fledermaus, Rennauto, Blitz)
PRODUKTMANAGEMENT UND LEKTORAT: Janina Dieckmann
LAYOUT UND SATZ: Eva Grimme
DRUCK UND BINDUNG: Neografia, Slowakei

Materialangaben und Arbeitshinweise in diesem Buch wurden von den Autoren und den Mitarbeitern des Verlags sorgfältig geprüft. Eine Garantie wird jedoch nicht übernommen. Der Verlag kann für eventuell auftretende Fehler oder Schäden nicht haftbar gemacht werden. Das Werk und die darin gezeigten Modelle sind urheberrechtlich geschützt. Die Vervielfältigung und Verbreitung ist, außer für private, nicht kommerzielle Zwecke, untersagt und wird zivil- und strafrechtlich verfolgt. Dies gilt insbesondere für eine Verbreitung des Werkes durch Fotokopien, Film, Funk und Fernsehen, elektronische Medien und Internet sowie für eine gewerbliche Nutzung der gezeigten Modelle. Bei Verwendung im Unterricht und in Kursen ist auf dieses Buch hinzuweisen.

1. Auflage 2019
© 2019 frechverlag GmbH, Turbinenstraße 7, 70499 Stuttgart

ISBN 978-3-7724-8420-9
Best.-Nr. 8420